골프 피트니스 & 컨디셔닝 가이드
Golf Fitness & Conditioning Guide

백형진
김용주
정찬경

골프 피트니스 & 컨디셔닝 가이드
Golf Fitness & Conditioning Guide

골프 피트니스 & 컨디셔닝 가이드

발　행 | 2025년 02월 28일
저　자 | 백형진, 김용주, 정찬경
펴낸곳 | 예방의학사
문의처 | 010-4439-3169
이메일 | prehabex@naver.com
주　소 | 서울특별시 송파구 석촌동 150-3 B1
전　화 | 010-4439-3169
가　격 | 30,000

ISBN | 979-11-89807-53-5(93690)

*이 책은 저작권법에 의해 보호를 받는 저작물이므로 동영상 제작 및 무단전제와 복제를 금한다.
(*잘못된 책은 구입하신 서점에서 교환해 드립니다.)

저자 소개

백형진 (Ph.D 통합의학박사, DO, DN)

1. 헬스케어 웨이브 대표 & 비엠코퍼레이션 이사
2. 가천대학교 특수치료대학원 운동치료학과 겸임교수
3. 골프 트레이너 가이드 공동저자 & 골퍼를 위한 해부학과 스트레칭 및 트레이닝 공동역자

김용주 (Ph.D 통합의학박사, DO)

1. 더바른몸PT 대표
2. 한국골프과학기술대학교 골프재활 헬스케어과 겸임교수
3. 가천대학교 특수치료대학원 운동치료학과 겸임교수

정찬경 (Ph.D 체육학박사)

1. 現 한국골프과학기술대학교 골프재활 헬스케어과 학과장
2. 한양대학교 일반대학원 운동생리학 박사
3. 前 공군사관학교 생도대 체육학처 교수 역임

골프 피트니스 & 컨디셔닝 가이드

백형진
김용주
정찬경
지음.

목차

머리말

제1장. 골프 피트니스 & 컨디셔닝 ·············· 1
  1. 골프 산업의 개요 ·············· 2
  2. 골프와 피트니스: 중요성 및 효과적인 저항운동 방법 ·············· 3
  3. 골프에 쓰이는 근육 ·············· 8
  4. 근육 프로그램 구성 ·············· 9

제2장. 골프 컨디셔닝과 자세 ·············· 11
  1. 골프 컨디셔닝을 위한 자세의 중요성 ·············· 12
  2. 자세교육 ·············· 14
  3. 볼 컨트롤과 신체적 요소들의 상호 작용 ·············· 15
  4. 어떤 자세가 좋은 자세인가 ·············· 16
  5. 어드레스 자세 ·············· 19
  6. 동적 자세적 관점에서의 골프 스윙 ·············· 20
  7. 백 스윙, 다운 스윙, 팔로 스로우 ·············· 21
  8. 유연성, 안정성, 근력, 파워 ·············· 24

제3장. 골프 준비운동 ·············· 25
  1. 골프를 위한 준비운동의 중요성 ·············· 26
  2. 골프 워밍업 루틴 샘플 ·············· 28
  3. 어깨와 허리의 통합 운동 ·············· 31
  4. 힙과 골반의 통합 운동 ·············· 33

제4장. 골프 스트레칭 ·············· 34
  1. 골프 자세 교정을 위한 스트레칭 ·············· 35
  2. 교정 목적 스트레칭 ·············· 39
  3. 경기 전·후 스트레칭 ·············· 40
  4. 정적 안정성 운동의 필요성 ·············· 46
  5. 자세 정렬, 자세의 흔들림 ·············· 48
  6. 신경근 독립운동, 골프 수행력의 기초형성 ·············· 51
  7. 신경근 통합 운동 ·············· 68
  8. 동적 안정성 운동 ·············· 79
  9. 근력 트레이닝 ·············· 95
  10. 파워 트레이닝 ·············· 126
  11. 프로그램의 지속 ·············· 144

참고문헌

머리말

골프는 단순한 스포츠를 넘어 신체적, 정신적 건강을 향상시키는 중요한 활동입니다. 특히, 골프 피트니스와 컨디셔닝은 보다 나은 경기력뿐만 아니라 부상 예방, 신체 균형 유지, 전반적인 건강 증진에 기여합니다.

이 책은 골프를 즐기는 모든 이들이 보다 효과적으로 자신의 신체를 관리하고, 골프 퍼포먼스를 향상시킬 수 있도록 돕기 위해 기획되었습니다. 단순히 스윙 기술을 익히는 것이 아니라, 올바른 신체 움직임을 익히고, 근력을 강화하며, 유연성을 높이는 것이 골프 실력 향상의 중요한 요소임을 강조합니다.

『골프 피트니스 & 컨디셔닝 가이드』는 골프 선수 및 아마추어 골퍼들이 현장에서 바로 활용할 수 있는 실용적인 정보를 제공하기 위해 집필되었습니다. 골퍼들의 신체적, 특성을 고려한 맞춤형 운동 프로그램 설계와 지도 방법을 중심으로, 체력 평가 방법, 운동 처방 원리, 그리고 자세별 운동법까지 다양한 내용을 담았습니다.

골프 피트니스와 컨디셔닝은 전문가만을 위한 것이 아닙니다. 아마추어 골퍼부터 프로 선수까지 모든 골퍼들에게 적합한 내용으로 구성하였으며, 과학적 원리를 바탕으로 실용적인 운동 방법과 프로그램을 소개합니다. 이를 통해 독자 여러분이 더 건강하고 즐거운 골프 라이프를 즐길 수 있기를 바랍니다.

이 책이 골프 피트니스 및 컨디셔닝에 관심을 갖는 모든 분들에게 유익한 가이드가 되기를 바라며, 꾸준한 연습과 올바른 운동을 통해 더욱 향상된 골프 실력을 경험하시길 바랍니다. 또한, 모든 골퍼들에게 유용한 지침서가 되어 골퍼들의 건강과 행복에 작은 도움이 되기를 소망합니다. 아울러, 운동 지도자들이 이 책을 기반으로 창의적이고 효과적인 프로그램을 개발할 수 있기를 기대합니다.

2025년 2월 28일
저자 일동 (백형진, 김용주, 정찬경)

제1장. 골프 피트니스 & 컨디셔닝

골프 피트니스 & 컨디셔닝 가이드

제1장. 골프 피트니스 & 컨디셔닝

1. 골프 산업의 개요

오늘날 국내뿐만 아니라 전 세계적으로 수 많은 사람들이 골프를 즐기고 있으며, 역사상 어느 시대보다도 골프의 인기가 높다고 할 수 있다. 최근 연구에서 미국에서 약 4,110만 명이 골프를 즐기고 있으며, 이는 다른 많은 레저 스포츠 및 여가 활동과 비교했을 때에도 상위 10위권 안에 속한다고 한다.

최극 조사에 따르면, 2022년 미국 골프 산업의 경제 규모는 840억 달러로 집계되었다. 이는 다른 산업과 비교해도 상당한 수준으로, 2016년 3,200만 명에서 비해 크게 증가 하였고 이러한 성장 추세는 스크린 골프와 같은 실내 골프 시설의 확산, 젊은 세대의 참여 증가 등 다양한 요인에 기인한다. 앞으로도 미국 골프 산업은 지속적인 성장이 예상되며, 2027년까지 약 7억 1,532만 달러의 추가 성장이 전망된다.

골프 산업의 경제적 영향은 단순한 매출 규모에 국한되지 않는다. 모든 연령대를 포함한 골퍼의 수가 4,000만 명을 넘어섰으며, 2000년 이후 매년 평균 4.1%의 성장률을 기록하고 있다.

한국에서도 골프의 인기는 지속적으로 증가하고 있으며, 2022년 기준 한국의 골프 인구는 약 515만 명으로 추산되며, 이는 전체 인구의 약 10%에 해당한다. 또한, 한국 골프 산업의 규모는 2021년 약 16조 원(약 135억 달러)으로 평가되었으며, 이는 국내 스포츠 산업에서 중요한 비중을 차지하고 있다. 특히, 스크린 골프와 같은 신기술의 도입이 한국 골프 시장의 성장을 더욱 촉진하고 있다.

미국과 비교했을 때, 한국의 골프 산업은 몇 가지 차이점을 보인다. 첫째, 미국은 넓은 지리적 공간과 온화한 기후로 인해 전통적인 필드 골프가 중심을 이루고 있으며, 많은 골프장이 자연 속에 자리 잡고 있다. 반면, 한국은 상대적으로 좁은 국토와 사계절의 기후적 특성으로 인해 스크린 골프와 같은 실내 골프 문화가 발달하였다. 특히, 스크린 골프는 공간과 비용 문제를 해결하면서도 접근성을 높여 대중적인 스포츠로 자리 잡고 있다.

둘째, 미국의 골프 산업은 주로 멤버십 기반의 프라이빗 클럽과 고급 리조트 골프장이 중심을 이루는 반면, 한국은 퍼블릭 골프장 이용률이 증가하고 있으며, 젊은 세대를 중심으로 골프가 점점 더 대중화되고 있다. 또한, 한국의 골프 산업은 골프웨어 및 용품 시장에서도 강세를 보이며, K-골프 브랜드들이 글로벌 시장에서 주목받고 있다.

2. 골프와 피트니스: 중요성 및 효과적인 저항운동 방법

골프 피트니스라고 하면 "골프는 골프고, 피트니스는 피트니스지, 무슨 골프 피트니스인가?"라고 생각할 수도 있다. 골프와 피트니스는 밀접한 관계가 있다. 과거에는 웨이트 트레이닝과 같은 피트니스 활동이 골프 스윙에 방해가 된다고 여겨지기도 했지만, 아직도 골프는 특별한 체력이 없어도 즐길 수 있는 운동이며, 운동량이 많지 않다고 생각하는 사람들이 적지 않다. 그러나 골프는 단순한 레저 활동이 아니라 상당한 체력을 요구하는 스포츠이다. 한 라운드를 돌면서 평균 10km 이상을 걷는 지구력 운동으로, 평균 4시간 이상의 시간이 소요된다. 또한, 샷을 할 때 몸의 회전력은 척추와 무릎에 상당한 부담을 줄 만큼 강력한 힘이 필요하다. 따라서 골프를 하나의 스포츠로 인식하고, 이에 맞는 신체를 준비하는 것이 필수적이며 매우 중요하다.

최근 연구에 따르면, 골프에 맞는 적절한 피트니스 프로그램을 통해 신체의 유연성을 향상시키고 헤드 스피드를 증가시켜 임팩트 시 더 강한 파워를 만들어 비거리를 늘릴 수 있는 것으로 나타났으며 골프 수행 능력을 향상시키는 데도 도움이 되는 것으로 나타났다. 이러한 효과는 피트니스가 골프와 상호 보완적인 관계에 있음을 보여준다.

■ 골프 피트니스의 구성 요소 및 방법

골프 트레이닝은 단순한 근력 운동이 아니라, 근신경 효율성, 기능적 근력, 유연성, 코어 안정성, 평형성 및 파워 트레이닝을 통합하는 접근 방식이 필요하다. 골프 스윙은 신체 여러 근육군의 협응력과 균형을 요구하기 때문에, 전신적인 컨디셔닝이 수행력 향상과 부상 예방에 필수적이다. 특히, 통합 훈련(Integrated Training) 원칙을 적용하면 골프 수행력 향상 및 부상 예방에 효과적이다.

▸ 피트니스는 유연성, 근력, 파워로 구성됩니다.

1. **유연성**: 관절이 움직일 수 있는 범위를 말한다.
2. **근력**: 근육이 발휘할 수 있는 최대 힘을 뜻한다.
3. **파워**: 근력에 속도를 곱한 값으로, 순발력을 포함한다.

피트니스 운동에는 저항운동과 스트레칭이 포함됩니다. 특히 저항운동은 근육에 부하를 주어 근력, 근파워, 근지구력과 같은 체력 요소를 향상시키는 데 효과적입니다.

■ 저항운동의 기본 원칙

▸저항운동이 안전하고 효과적으로 진행되기 위해서는 다음과 같은 기본 원칙이 지켜져야 한다.

1. **유연성 확보**: 근육을 강화하기 전에 관절의 충분한 유연성이 선행되어야 한다.
2. **결합 조직 강화**: 근육 기능 이전에 건, 인대 등 결합 조직을 우선적으로 강화해야 한다.
3. **몸통 근육 우선 발달**: 팔과 다리 근육보다 몸통 근육을 먼저 강화하고, 신체를 안정시키는 자세 유지 근육을 발달시키는 것이 중요한다.

이 기본 원칙을 지키면 부상 없이 올바른 저항운동을 진행할 수 있다.

■ 골프 트레이닝 프로그램의 핵심 원칙

골프 트레이닝은 단순히 힘을 기르는 것이 아니라, **스윙의 일관성 유지, 파워 증대, 부드러운 회전력 향상, 균형감 유지**등을 목표로 한다. 이를 위해 **다음 6가지 요소를 포함하는 통합 훈련 방식**이 필요하다.

통합 훈련 요소	설명
유연성 트레이닝	가동 범위를 넓혀 부드러운 스윙을 돕고 부상 예방
코어(중심부) 트레이닝	골프 스윙의 안정성을 높이고, 힘을 효율적으로 전달
평형성(균형) 트레이닝	스윙 중 체중 이동을 원활하게 하여 스윙 일관성 유지
플라이오메트릭 트레이닝	폭발적인 힘을 길러 클럽헤드 스피드 증가
저항 트레이닝	근력을 강화하여 비거리 증가 및 근지구력 향상
심폐 지구력 트레이닝	18홀 동안 지속적인 경기력을 유지하도록 체력 강화

이러한 요소들은 **골프 스윙과 경기력을 최적화하는 데 필요한 신체적 능력을 강화**하는 데 초점을 맞추며, **각 요소를 균형 있게 조합하여 훈련 프로그램을 구성**해야 한다.

■ 효율적인 저항운동 수행법

▶ 효율적으로 근력을 향상시키기 위해서는 다음을 고려해야 한다.

- **관절의 최대 가동 범위(ROM) 활용**: 유연성을 동시에 높일 수 있다.
- **근육 사용 의식**: 특정 근육에 집중하여 자극을 줌으로써 효과를 극대화할 수 있다.
- **자연스러운 호흡 유지**: 운동 중 호흡을 오래 멈추면 심장에 부담을 줄 수 있으므로 자연스럽게 호흡한다.

■ 골프 피트니스 프로그램 기본 구성

▶ 일반적인 골프 피트니스 프로그램은 골프 스윙 시 파워를 증가시킬 주요 근육과 안정적인 스윙을 지원하는 자세 유지 근육을 중심으로 설계된다.

- **운동 종목**: 약 10~12가지 동작으로 구성
- **운동 빈도**: 주 2~6회 실시
- **반복 횟수**: 각 운동은 8~15회 정도 반복
- **초보자 단계**: 첫 4주 동안 6~8가지 운동을 1세트로 순환하며 진행
- **진전 단계**: 점차 2~3세트로 순환

운동 강도는 진행 상황에 따라 점진적으로 증가시키며, 효율적인 체력 향상을 도모한다.

■ 골프 트레이닝 프로그램 핵심 구성

▸ 골프 트레이닝은 **3단계(기본 안정화 → 근력 향상 → 파워 증대)**로 구성되며, 각 단계에서 목표가 다르다.

1단계: 기본 안정화 (Stabilization Phase)

목표:
- 근신경 효율성 향상 (몸의 협응력 및 컨트롤 능력 향상)
- 코어 안정성 및 평형감 개선
- 부상 예방 및 기초 체력 구축

◆ **훈련 방법:**

▸ **유연성 운동:**
- 동적 스트레칭(Dynamic Stretching): 골반, 어깨, 척추 가동성 증가
- 폼 롤링(Foam Rolling): 근육 긴장 완화

▸ **코어 및 평형성 트레이닝:**
- 플랭크(Plank) 및 싱글 레그 밸런스 운동(한발 서기)
- 골프 스윙 패턴을 반영한 균형 유지 스윙 연습

▸ **저항 운동(가벼운 무게 사용, 고반복 훈련)**
- 미디엄 볼 회전 운동(Medicine Ball Rotational Throws)
- 케이블 로테이션(Cable Rotation)

2단계: 근력 및 유연성 향상 (Strength Phase)

목표:
- 기능적 근력을 강화하여 골프 스윙의 안정성을 높임
- 유연성과 가동 범위를 확보하여 부드러운 스윙 구현

◆ **훈련 방법:**

▸ **유연성 운동:**
- 스태틱 스트레칭(Static Stretching): 햄스트링, 어깨, 엉덩이 유연성 증가

▸ **근력 및 저항 훈련:**
- 스쿼트 + 로테이션(Squat with Rotation)
- 케틀벨 스윙(Kettlebell Swing)
- 데드리프트(Deadlift)(하체 및 허리 강화)

▸ **균형 및 안정성 훈련:**
- 싱글 레그 데드리프트(Single Leg Deadlift)
- 보수 볼(Bosu Ball) 위에서의 균형 훈련

- **심폐 지구력 향상 훈련:**
  - 인터벌 러닝 (짧은 거리 전력 질주 후 걷기)
  - 자전거 타기 (저강도 → 중강도 훈련)

3단계: 파워 및 클럽헤드 스피드 증가 (Power Phase)

목표:
- 폭발적인 힘을 길러 드라이버 비거리 증가
- 근신경 효율성을 극대화하여 골프 스윙 속도 증가

◆ **훈련 방법:**

- **플라이오메트릭 운동:**
  - 박스 점프(Box Jumps): 하체 폭발력 강화
  - 메디신 볼 던지기(Medicine Ball Rotational Throws): 스윙 속도 향상

- **코어 트레이닝:**
  - 케이블 로테이션 파워 운동
  - 골반 로테이션 트레이닝

- **클럽헤드 스피드 증가 훈련:**
  - 오버스피드 트레이닝 (무거운/가벼운 클럽을 번갈아 사용)
  - 스윙 속도 측정 후 점진적 증가 목표 설정

※ 골프 훈련 시 고려해야 할 사항

- **3D 운동면을 고려한 훈련**
  - 골프는 시상면, 전두면, 횡단면의 움직임이 결합된 스포츠이다.
  - 다양한 평면에서의 훈련을 포함해야 한다.
  - 시상면: 데드리프트, 런지
  - 전두면: 측면 스텝업, 사이드 플랭크
  - 횡단면: 회전성 케이블 운동, 메디신 볼 로테이션

- **스트레치-쇼트닝 사이클 활용**
  - 백스윙 시 근육이 이완(스트레칭) → 다운스윙 시 폭발적으로 수축
  - 플라이오메트릭 트레이닝(점프, 반응성 운동)을 통해 신전-수축 반응 개선

- **골프 스윙과 유사한 패턴을 활용한 훈련**
  - 단순 근력 운동 보다 골프 스윙과 유사한 패턴의 기능성 운동을 포함해야 효과적이다.
  - 예) 로테이션 케이블 푸시, 한발 균형 유지 후 회전 운동

▸ **단계적 접근 및 개인 맞춤 트레이닝 필요**
  • 초급자는 안정화 단계(코어, 유연성) → 중급자는 근력 → 상급자는 파워 트레이닝
  • 골퍼의 신체 능력에 맞춰 점진적으로 부하 증가

결론

　골프 트레이닝은 단순한 근력 강화가 아니라, 기능적 훈련과 신경-근 협응력 향상을 목표로 한다. 유연성, 코어 안정성, 균형, 파워, 근력, 심폐 지구력을 포함하는 통합 훈련이 효과적이며, 각 운동면(시상면, 전두면, 횡단면)에 맞는 맞춤형 훈련을 적용하는 것이 중요하다. 적절한 트레이닝을 통해 스윙 속도 증가, 클럽헤드 스피드 향상, 부상 예방 및 경기력 향상을 기대할 수 있다.

■ 주의사항 및 권장 사항

▸저항운동은 덤벨이나 바벨과 같은 무거운 도구를 사용하기 때문에 부상의 위험이 있다. 이를 예방하기 위해 다음 사항을 유의해야 한다.

- **전문가의 지도**: 정확한 자세와 적절한 역학을 배우는 사전 교육이 필수입니다.
- **체력에 맞는 프로그램**: 자신의 체력 수준에 맞는 운동을 선택한다.
- **반동 사용 금지**: 근육의 탄력(반동)을 이용하지 않도록 한다.
- **운동 전후 준비운동과 정리운동**: 약 5~10분간 실시하여 신체를 준비하고 회복한다.

　골프 피트니스는 단순한 체력 훈련을 넘어 골프 실력을 향상시키는 중요한 요소로 자리 잡고 있다. 안전하고 체계적인 접근을 통해 효과적인 결과를 얻을 수 있다.

3. 골프에 쓰이는 근육

■ **어드레스**

엄지손가락 외전근, 엄지손가락 굴근, 전완근, 삼각근, 복직근

■ **백 스윙**

팔 근육(장, 단요측수근신근, 척측수근굴근, 상완이두근, 상완삼두근) 삼각근, 소원근, 대원근, 광배근, 복직근, 외복사근, 대둔근, 대퇴사두근, 비복근, 가자미근

■ **다운스윙**

척측수근신근, 척측수근굴근, 삼각근, 광배근, 외복사근, 복직근, 대둔근, 대퇴사두근, 비복근, 가자미근

■ **팔로우 스로우와 피니시**

척측수근신근, 척측수근굴근, 상완삼두근, 삼각근, 승모근, 광배근, 소원근, 대원근, 외복사근, 복직근, 대둔근, 슬굴곡근(hamstring), 대퇴사두근, 비복근, 가자미근

4. 근육 프로그램 구성

■ 스윙 파워와 관련된 근육

드라이버의 스윙 파워는 인체 근육 중에 가장 큰 근육으로 인체의 중심부를 구성하고 있는 대둔군, 허벅지근육(대퇴사두근), 햄스트링, 척추기립근등의 기능에 의해 좌우된다. 근육의 수축력 강화와 이완을 위해 적절한 트레이닝을 일정기간 반복 지속할 경우 파워 향상은 물론 이 근육들을 자신의 의지대로 조절 할 수 있는 능력이 개선되므로 스윙이 보다 쉬어질 것이다.

근육	작용
대둔근	신체 상하의 무게 전달, 강한 파워
허벅지 근육(대퇴직근, 내측광근, 외측광근)	대퇴의 신전
햄스트링	어드레스 자세유지 및 백스윙과 다운스윙 및 임팩트시 조절
척추기립근, 복횡근, 중둔근	몸통 회전 및 신체 상하의 힘의 전달
가자미근, 비복근	자세유지근육

■ 골반, 몸통 회전 기능과 관련된 근육

골반과 몸통의 회전은 골반, 허리, 몸통 부위을 좌측이나 우측 다리를 축으로 중앙 à 우측 à 좌측 방향으로 회전시키는 일련의 동작으로서 골프 기술에 있어서 코일링과 코일링을 푸는 동작이다. 골반 턴과 몸통의 회전은 인체의 스윙축과 어깨, 팔꿈치, 손목 관절 회전의 연결 고리로서 임팩트 전 후의 강력한 파워와 빠른 회전 스피드, 타구 방향을 결정하므로 트레이닝을 통한 향상이 필요하다.

근육	작용
복직근, 복사근, 복횡근, 척추기립근	흉부와 허리의 신전과 회전운동에 안정적 지지 역할

■ 임팩트, 헤드 스피드와 관련된 근육

골프의 임팩트 파워는 클럽의 원심력과 헤드 스피드에 의해 결정된다. 볼을 강하고 정확하게 치기 위해서는 다운 스윙 시 어깨와 팔에 힘을 빼고 클럽이 볼을 향해서 빠르게 던지는 느낌으로 스윙을 하는데 이는 클럽의 원심력과 스피드를 극대화하기 위해서다.

근육	작용
광배근	신체 상하 힘의 전달과 균형 유지 및 다운스윙 시 왼팔의 외회전력을 제공한다
상완삼두근	상완의 펴는힘을 유지, 다운스윙 시 클럽조절
삼각근	어깨의 60도 이상의 백 스윙과 다운스윙 및 임팩트시의 힘을 제공
대흉근	다운스윙 임팩트시 상완의 내전 및 내회전 힘을 제공

■ 클럽 헤드 컨트롤에 관여하는 근육

클럽과 클럽 헤드의 컨트롤 능력은 모든 골프 기술의 정확성과 정밀성을 최종적으로 발휘하게 하는 기술이다. 임팩트 순간에 클럽 헤드를 볼과 스퀘어로 유지하는 동작이나 숏 게임 기술과 벙커 샷과 같은 트러블 샷을 자신의 의도하는 대로 일정하게 발휘하게 한다.

근육	작용
상완삼두근, 이두근	클럽의 코킹 및 손목의 미세한 움직임 조절
상완 요골근	
전완근	

제2장. 골프 컨디셔닝과 자세

제2장. 골프 컨디셔닝과 자세

1. 골프 컨디셔닝을 위한 자세의 중요성

골프 컨디셔닝은 평형성(balance), 근력, 협응력(Cordination)과 같은 골프 특성에 맞는 기능적 트레이닝을 수행함으로써 골프에 적합한 기술을 발휘할 수 있도록 하는 방법이다. 이것은 축구, 농구, 야구와 같은 프로 스포츠 경기에서 선수들이 스포츠 특성에 맞는 트레이닝을 받는 것과 같은 개념이다. 기능적 운동이라는 개념은 피트니스센터 근력운동 기구를 기본으로 하는 것과는 다른 의미이다. 피트니스 센터의 웨이트 장비는 독립된 근육을 발달시키기 위해 고안된 장비이다. 따라서 뇌가 그러한 독립된 근육을 스포츠 상황에 어떻게 사용할 것인가 하는 것은 별개의 문제이다. 오히려 뇌의 기억장치는 골프 게임을 할 때 프로그램 된 일련의 과정에 맞는 근육을 사용하는데 익숙해 있을 것이기 때문에 피트니스 센터의 근력운동 기구가 도움이 되지 않을 수도 있다. 따라서 효과적인 컨디셔닝 프로그램은 독립된 근육 트레이닝이 아니라 인체를 하나의 전체로서 트레이닝 시킬 수 있도록 프로그램 되어야 한다. 이러한 기능적 향상 프로그램의 구성요소는 다음과 같다.

1. 유연성
2. 신체 중심 유지(평행성, 밸런스 능력)
3. 운동제어 발달
4. 열린사슬 운동(OKC)과 닫힌사슬 운동(CKC)의 선택
5. 자세교육

골퍼를 위한 운동 프로그램을 수행하기 전에 어떻게 프로그램을 선택할 것인지? 프로그램을 계획하는데 있어 위의 5가지 항목이 잘 구성되었는지 등을 평가해야 할 것이다.

1) 유연성
골프를 향상시키기 위해 어떤 스트레칭과 기술이 필요 한지에 관해서 근육과 관절의 움직임 범위(Range Of Motion; R.O.M)를 알아야 한다.
골프 게임에서 필요로 하는 관절에 대해 충분히 이해하고 각각의 개인에 맞는 스트레칭을 하여야 한다. 일반적인 스트레칭 프로그램은 관절 범위가 충분한 관절에서는 오히려 과도하게 스트레칭 시키기도 하며 때로는 전혀 관절운동 범위를 향상시키지 못하기도 한다.

2) 신체 중심의 균형 유지 (평행성, 밸런스 능력)
다른 스포츠에서 그렇듯이 골프는 3차원적 안정되지 않은 중력의 영향을 받는 스포츠이다. 만약신체중심을 유지하는 프로그램이 골프 특성에 맞지 않는다면 골프의 기능적 향상을 기대하긴 어려울 것이다. 이것은 피트니스 센터에서 다리 근력을 강화시키기 위해 사용

하는 레그 익스텐션이나 레그 프레스가 운동선수의 스쿼트(기능적 운동) 능력에서는 크게 영향을 주지 않는다는 연구에서와 같다.

골프는 골퍼 자신의 신체 중심을 유지하는 힘과 반복되는 스윙동작에서도 균형감을 유지해야 하는 고도의 기술적 스포츠이다. 투원반이나 투창을 던지는 동작과 달리 골프는 500m이상 멀리 있는 작은 홀을 향하여 더 멀리 보내고 더 정확이 보내야 하는 경기로 신체 중심을 정확히 유지하지 못한다면 골프 스윙 시의 스윙 축과 스윙궤적을 정확히 할 수 없을 것이다. 결국 공이 날아가는 궤도 또한 엉망이 될 것이다.

골프 스윙 시 우리의 몸은 팽이를 세워놓은 것과 같이 매우 불안정하다. 비록 다리의 내전근과, 어깨 회전근육, 골반의 회전근(척추의 회전근), 복횡근과 심부 경추의 굴곡근이 자세를 유지하는 근육으로 알려져 있지만 이러한 근육은 신체 전반에 걸쳐 동시에 작용함으로써 안정성을 유지하거나 자세를 유지한다.

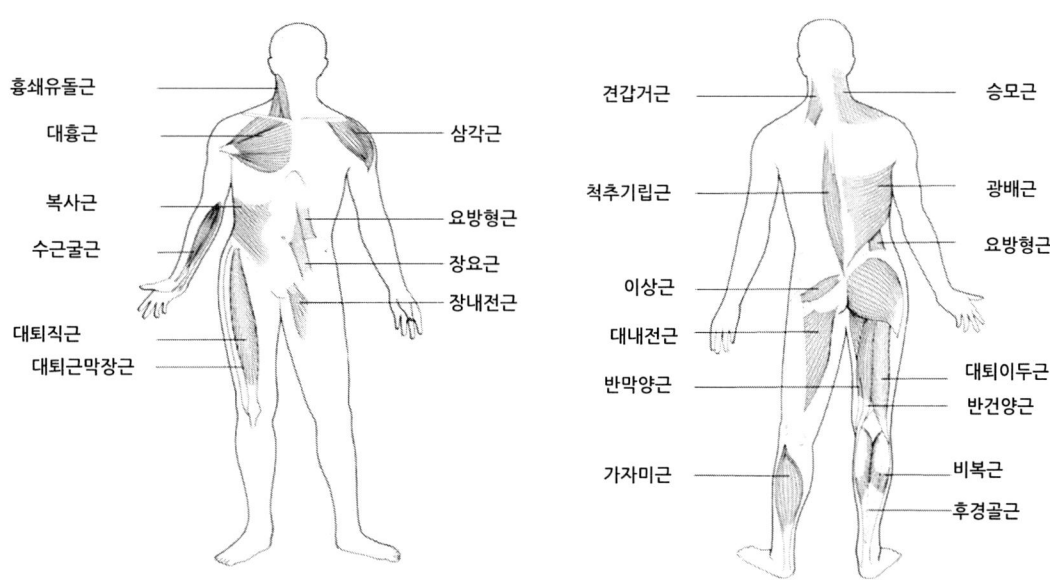

(A) 신체 전방에 위치한 주요한 자세유지근   (B) 신체 후방에 위치한 주요한 자세유지근.

어떠한 동작에서 신체중심의 균형이 바른 자세를 유지하고자 할 때 관절의 기능과 근육의 제어시스템을 잘 알고 트레이닝이 되어야 한다. 만약 피트니스센터에서 하는 상완삼두근 운동을 한다고 가정할 때 골프 스윙에서는 상완삼두근이 주변 어깨 회전 근육과 동시에 작용함으로써 팔의 제어역할을 하지만 상완삼두근 기구 운동은 단지 하나의 수직적 축에서 발생하는 힘으로만 작용한다. 따라서 이러한 독립된 근육을 발달시키는 운동은 골프에서는 크게 도움이 되지 않는다.

3) 중추 운동신경 발달 프로그램

일반적으로 운동신경 발달프로그램은 운동 동작과 상대적으로 같은 시간이나 동일한 방법에서 발달된다. 예를 들면, 스쿼트와 점프는 상대적으로 같은 시간 개념이 적용되며 같은 근육군이 사용된다. 비록 움직임에 있어 스피드나 근력의 양이 차이 나지만 두 운동은 같은 패턴으로 볼 수 있다. 이러한 경우 스쿼트 운동만으로도 점프 능력향상을 가져온다. 만약 골프를 위한 트레이닝이 골프스윙과 상대적 시간적 개념이나 근육의 사용, 움직임등이 기능적으로 비슷한 특징을 가지면 가질수록 골프스윙을 더 잘 할 수 있을 것이다.

4) 열린사슬(OKC) 운동과 닫힌사슬(CKC) 운동의 선택

스테인들러(Steindler)는 신체 기능 운동학이라는 책에서 열린사슬과 닫힌사슬에 대한 개념을 적용하였다. 그의 개념을 적용한다면 골프는 상체에서는 열린사슬로 하체에서는 닫힌사슬이라고 볼 수 있다. 열린사슬적 관절운동과 닫힌사슬 관절운동은 완전히 다른 형태의 운동이다. 즉 열린사슬 운동은 하나의 관절 축을 중심으로 저항을 극복하는 운동이다. 저항을 극복하고자 할 때 저항 무게가 신체중심 쪽으로 진행한다.

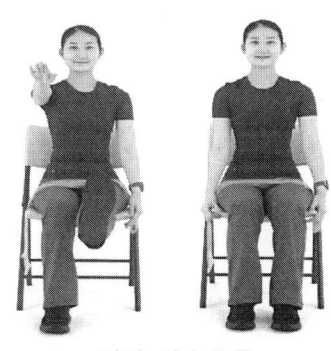   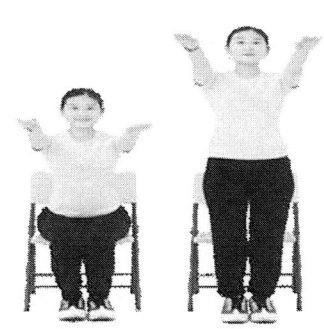

열린 사슬운동   **닫힌 사슬운동**

닫힌사슬은 복합관절을 축으로 저항방향과는 상관없이 힘이 작용한다. 스쿼트 운동과 레그익스텐션을 예로 든다면 스쿼트는 발이 지면에 닿으면서 관절축이 발목, 무릎, 골반등으로며, 저항이 되는 체중이 아래쪽으로 진행한다. 반면 레그익스텐션은 무릎관절을 축으로 저항 무게가 신체 중심 쪽으로 이동한다. 따라서 골프 트레이닝 시 열린사슬운동과 닫힌사슬 운동의 개념을 잘 응용해서 적용해야지만 효과를 볼 수 있다.

2. 자세교육

> "셋업 시 정적 자세의 질이 스윙 시 몸의 움직임과 밸런스를 결정하는 중요한 요소이다" -데이비드 레드베터-

자세란 무엇인가? 프로골퍼에게도 자세란 아주 중요한데 TV를 보거나 하면 유명한 골퍼들도 잘못된 자세를 유지하는 경우가 많다. 흥미롭게도 실력 있는 선수들의 사진이 실려 있는 유명 골프선수나 티칭 프로들이 쓴 책에서 좋지 못한 자세의 예를 발견하기는 어렵지 않다. 목이 앞으로 너무 기운다거나 등이 굽어 있거나 때로는 허리 쪽이 나오거나 하는 경우다. 프로든 아마추어든 자세가 중요하다고 얘기를 하지만 정작 자세 교육이나 트레이닝은 잘 안 되어있는 경우가 많다.

재활전문가나 컨디셔닝 전문가들은 좋은 자세가 손상된 신체를 회복시키면서 운동 기능을 향상시킬 수 있는 가장 기본이라고 말을 한다. 이러한 이유로 50년 전 부터 미국의 카이로프랙터나, 물리치료사, 정형외과에서도 자세 연구를 진행하고 있다. 자세가 볼 컨트롤을 위한 5가지 요소 중 3가지에 직접적인 연관이 있다는 사실을 아는 사람은 많지 않다. 목표지점에 볼을 보내도록 가능하게 해주는 스윙의 일관성을 갖기 위해서는 자세에 대한 기본 지식과 게임에서 정적, 동적인 자세를 완성시켜주는 종합적인 노력이 요구된다. 좋은 자세가 좋은 스윙의 가장 기본이 되기 때문에 일정기간 좋은 자세를 갖도록 트레이닝이 필요하다.

3. 볼 컨트롤과 신체적 요소들의 상호 작용

정적 자세는 우리 몸이 쉴 때 혹은 앉은 자세, 선 자세, 혹은 누워있는 것과 같은 상태를 말한다. 골프에서 정적 자세란 동작(스윙)을 시작할 때와 끝날 때의 자세라고 정의할 수 있다. 그러므로 어드레스에서 안 좋은 자세를 가지고 있는 골퍼라면, 스윙 전체가 좋을 수가 없다. 생체역학적으로 어드레스의 척추 각도(보통은 25도)는 임팩트 순간까지는 가능한 한 고정되어 있어야 한다. 몸의 축(척추)을 이상적으로 잘 정렬된 상태로 유지하는 걸 실패한다면, 스윙의 동적인 부분에서 그대로 다 나타나게 된다.

동적 자세는 공간적으로 시간적으로 관절을 중심으로 동시에 움직임이 일어나는 것을 말한다. 어떤 자세에서 얼마만큼의 힘과 빠르기로 움직임을 진행하더라도 신체는 적절한 힘을 분배하면서 자세를 유지하고자 한다.

골프에서 동적인 자세는 스윙의 어떤 동작, 어떤 순간에서도 최적 상태의 회전축을 유지하는 능력이다. 스윙 면(swing plane), 앵글 어택(angle of attack), 클럽 페이스 정렬(clubface alignment), 스위트 스팟(hitting the sweet spot)을 맞추는 능력과 같은 모든 스윙이나 볼 컨트롤에 관련된 사항들이 다 동적인 자세를 제대로 수행하는데 직접적인 연관이 있다.

간단히 비교해서 우리 몸의 척추는 크랭크축과 같이 회전의 중심축의 기능을 하고 두 팔은 그 축에 의해 표현되고자 하는 동작을 나타내주는 역할을 한다. 척추가 똑바르지 않으면 두 손으로 클럽을 잡을 때 나쁜 자세가 나올 것이고 회전력이 현저히 줄어 들것이며 클럽헤드의 스피드도 줄어들 것이다. 척추가 바르게 잘 정렬이 되어 있다면 훨씬 효율적인 스윙이 가능해지며, 클럽헤드의 스피드나 비거리에 있어서 자신의 최대 능력을 발휘 할 수 있다.

회전축이 잘 정렬되어 있을 때만 일관된 스윙이 가능해진다. 자세가 잘못되면, 회전축을 무너지고스윙의 일관성을 잃게 된다.

평상시 바른 자세를 유지하면서 앉거나 서 있는다고 하고 좋은 신체 정렬을 가졌다 하더라도 골프에서의 어드레스나 풀 스윙 시 좋은 자세를 보장하진 않는다. 우리의 뇌가 기억하고 있는 움직임에 대한 기억은 골프 스윙 시에도 적용된다. 즉 골프가 아닌 같은 동작의 움직임에서 뇌에서 기억했던 자세가 골프스윙에도 똑같이 적용된다. 정적 자세나 동적 자세에서 늘 좋은 자세를 유지하는 것이 건강을 위해서 바람직하지만, 골프란 운동에서 필요한 자세에 대한 트레이닝은 골프 특성에 맞도록 고안되어야 한다.

4. 어떤 자세가 좋은 자세인가?

정적으로 서있는 자세는 두 각도에서 확인하는데 옆쪽과 뒤쪽에서 평가한다. 골퍼에게서는 어드레스 자세도 확인해보는 것도 좋다. 스윙 동작을 하는 동안에는 동적 자세가 아주 중요한데 정적 자세와는 많은 부분에서 차이가 난다.

골프 선수뿐만 아니라 자세는 움직임을 위한 동적 조절의 매우 중요한 특성이다. 인간의 움직임 시스템의 각 분절의 최적의 정렬은 골프 스윙과 골프 컨디셔닝 프로그램의 핵심 요소이다. 만약 인간 움직임 시스템 중 하나의 요소가 불균형일 때 다른 요소들은 이를 보상하기 위해 보상작용을 하게 될 것이다. 이것은 근신경 효율적 움직임과 조화를 감소 시키고 그리고 부상의 유발을 증가 시키게 될 것이다.

좋지 않은 자세 및 체형의 불균형, 관절 기능 장애, 그리고 인간 잘못된 움직임 형태의 손상을 유발하며, 최적의 골프 스윙을 기능적으로 반복하는 능력을 감소시키게 된다. 균형 잡힌 적절한 자세와 체형을 가지고 훈련하는 것은 골프 선수에게 최적의 효율을 보장하며 근육 불균형, 관절 기능 장애, 그리고 잘못된 조직의 과부하가 발달하는 위험 요소들을 감소 시킨다. 좋지 않는 요추의 정렬과 구조를 가지고 있는 골퍼가 잘못된 운동을 지속적으로 수행하는 것을 허용하는 것은 근육 불균형 및 부상의 유발의 결과를 가져올 수 있다.

인간 움직임 시스템 전체는 기능적으로 작용하며 통합된 훈련 프로그램을 통해서 적절한 자세 조절 기능을 갖고서 올바르게 운동을 수행하는 골퍼에게 필요한 구조적인 안정성 및 가동성을 통해 운동 수행력을 보장 한다.

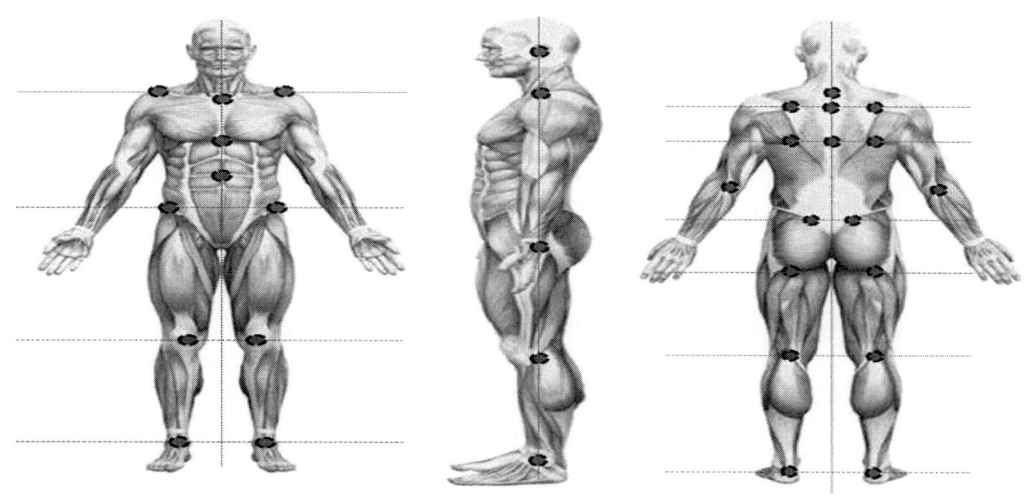

1) 정적 자세 평가 방법

■ 전면 자세 평가

- **발과 발목** : 일직선을 이루고 평행해야 하며, 납작하거나 외회전 되지 않아야 한다.
- **무릎** : 두번째 발가락과 같은 곳을 향하고 있어야 하고, 안쪽이나 바깥쪽으로 모음 되거나 벌림 되지 않아야 한다.
- **LPHC** : 골반이 동일한 횡단면에 있는 두 개의 ASIS와 수평이어야 한다.
- **어깨** : 편평함, 올라가거나 둥근 형태가 아니어야 한다.· 머리 : 중립 자세이며, 한쪽으로 기울거나 회전된 상태가 아니어야 한다.

※ Tip : 가상선(Imaginary line)들이 이 양쪽 발뒤꿈치 중앙에서 시작해 하지와 골반의 중앙선, 몸통 그리고 머리뼈를 차례로 관통하며 각 랜드마크들이 좌/우로 수평 해야 한다.

■ 측면 자세 평가

- **발과 발목** : 중립 자세, 다리가 발바닥과 직각을 이룬다.
- **무릎** : 중립 자세, 굴곡 상태나 과신전 상태가 아니다.
- **LPHC** : 골반이 중립 자세, 전방 경사나 후방 경사 상태가 아니다.
- **어깨** : 중립, 흉추후만 이거나 지나치게 둥그렇지 않다.
- **머리** : 중립자세, 앞으로 과도하게 돌출되지 않는다.

※ Tip : 가상선이 복숭아뼈의 약간 앞을 지나 무릎 측면을 지나, 대퇴부의 대전자를 지나, 어깨와 귀의 중앙을 차례로 관통하며 지나가야 한다.

■ 후면 자세 평가

- **발과 발목** : 발뒤꿈치가 일직선이며 평행하고, 안쪽으로 모음 된 상태가 아니다.
- **무릎** : 중립자세로 안쪽으로 모음 되거나 바깥쪽으로 벌림 되지 않는다.
- **LPHC** : 골반이 동일한 가로면에 있는 2개의 PSIS와 수평이여야 한다.
- **어깨/어깨뼈** : 수평이며, 올라가거나 뒤로 처지지 않은 상태이다.
(견갑골 내측연이 서로 평행하고 척추 극돌기에서 약 3~4인치 정도 떨어져 있다)
- **머리** : 중립 자세이며, 한쪽으로 기울거나 회전된 상태가 아니여야 한다.

※ Tip : 가상선이 양쪽 발뒤꿈치 중앙에서 시작해 하지와 골반의 중앙선, 척추 그리고 머리뼈를 차례로 관통하며, 각 랜드마크들이 좌/우로 수평 해야 한다.

2) 후면 관찰 핵심요소(뒤에서 볼 때)

신체는 마치 3개의 피라미드를 반대로 올려놓은 모습으로 정렬되어 있다. 척주선에서 골반, 어깨, 머리가 피라미드의 축이 된다.

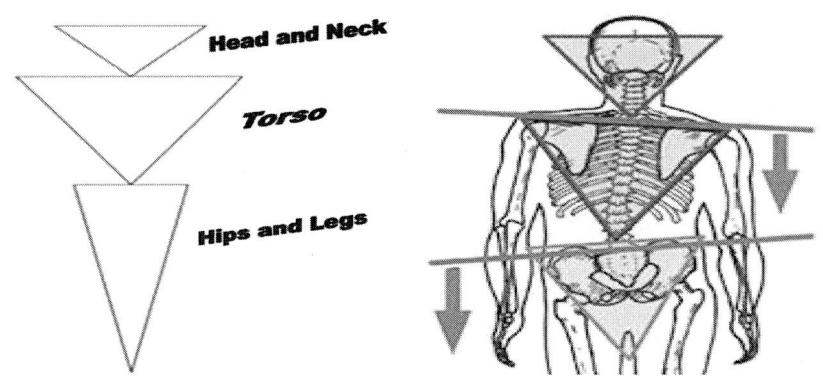

서 있는 자세에서 척주 선이 측만증과 같이 옆으로 기울었다면, 앞으로 숙여보게 한다. 만약 앞으로 숙였을 때 척주 선이 일직선이라면 이는 기능적 측만증이다. 기능적 측만증이 있다면 잘 계획된 스트레칭을 지도받거나 스스로 진행하여 3주~4주 정도 후에 재평가를 받는다. 만약 측만증이 여전히 있거나 혹은 허리통증이 있다면 정형외과적 진료를 받는게 좋다.

만약 서 있거나 앞으로 굽혔을 때도 측만증이 있다면 구조적 측만증을 의심해봐야 한다. 구조적 측만증은 정형외과적 상담을 받을 필요가 있다.

골프 컨디셔닝 프로그램 과정에서 컨디셔닝 전문가들은 정적 자세를 교정하는 것이 선행되는데 이는 잘못된 정적 자세는 신체 중심을 유지하기 힘들고 결국 동적 자세에 영향을 미치기 때문이다.

3) 최적의 퍼포먼스를 위한 근육 균형 및 체형 교정을 위한 트레이닝

최적의 길이-장력 관계는 적절한 운동 수행력 발휘를 위한 근육 기능에 필수적이다. 근육이 최적의 길이 보다 더 짧아져 커지거나, 혹은 기능 저하로 자극을 적게 받게 되었을 때, 짝힘 관계의 균형이 깨지게 되고 관절 가동범위의 변형은 적절한 길이-장력 관계를 깨트리게 된다. 이러한 미세한 자세의 불균형적 변화가 과부하를 유발하게 되고 이는 곧 부상 및 근신경 효율성의 감소를 일으키게 된다. 휴식을 취해도 근육의 변형의 회복이 저되고 문제를 일으키게 된다. 이것은 결과적으로 효율적이며 정확한 역학적 움직임을 가지고 골프 스윙 능력의 감소와 연관된다.

근육의 과 활성화 혹은 근육의 단축 문제는 변경된 상호억제 문제와 협력근의 지배 문제의 원인이 된다. 변형된 상호억제의 결과는 주동근에 의한 파워의 감소를 가져온다, 협력근에 의한 보상으로 인해 협력근 지배 문제는 움직임 형태의 변경과 근신경 조절의 감소를 유발한다.

모든 골프 피트니스 프로그램은 최적의 근육의 균형 발달을 목표로 하여야 한다. 이것은 인간 움직임 시스템 전체의 구조적 완전성을 확실하게 하며, 골퍼를 위한 잘 균형 잡힌 그리고 생체 역학적으로 효율적인 스윙을 유지하도록 도와준다.

5. 어드레스 자세

어드레스는 스윙의 첫 단추이다. 골프 프로들은 어드레스 자세를 골프 스윙의 통합된 종합이라고 설명한다. 호간(Hogan)은 마치 골프 스틱을 지지한 채 앉아있는 모양으로, 운동이 시작되는 자세로 설명하였다. PGA 프로 제이슨 강은 어드레스에서 첫째로 주의해야 할 것은 균형을 잡는 일이라고 덧붙였다. 어깨를 숙이고, 무릎을 약간 구부려 옆에서 보면 어깨와 무릎, 발바닥 앞부분이 일직 선상에 놓이는 것이 균형 잡힌 자세라고 한다. 이 상태로 서면 체중이 발뒤꿈치와 발가락 사이에 균등하게 분포하게 된다. 다른 스포츠에서는 준비자세에서 체중을 발 앞쪽에 두는 경우가 많지만, 골프는 예외로 발바닥 전체에 힘을 고르게 실어야 한다는 것이다. 그러나 전욱휴는 많은 PGA 프로들은 발 앞쪽으로 70%의 힘을 싣는다고 한다. 오른발은 일직선으로 왼발은 비스듬하게 놓는 것(몸의 중심에서 25도)도 기억해야 할 셋업의 중요한 요소이다.

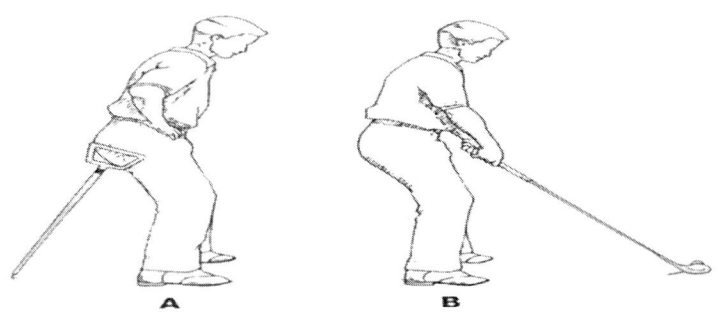

어드레스 시 어깨를 과도하게 앞쪽으로 내밀지 않는 것이 중요하다. 어깨를 너무 앞쪽으로 내밀게 되면 등이 굽어지게 되고(Kyphosis), 머리가 앞쪽으로 기울게 된다. 등이 굽게 되고 머리가 너무 앞쪽으로 기울게 되면 척추의 회전제한이 발생하여 스윙궤적이 짧아진다. 이것은 골프 클럽을 이용해 확인해볼 수 있는데 클럽을 어깨 위에 두고 한번은 등을 굽혀서(Kyphosis) 허리를 돌려보고(trunk rotation) 한번은 상체를 바로 세워서 허리를 돌려보면 회전반경의 차이뿐만 아니라 근육이 긴장도에서도 차이가 난다는 것을 알 수 있다.

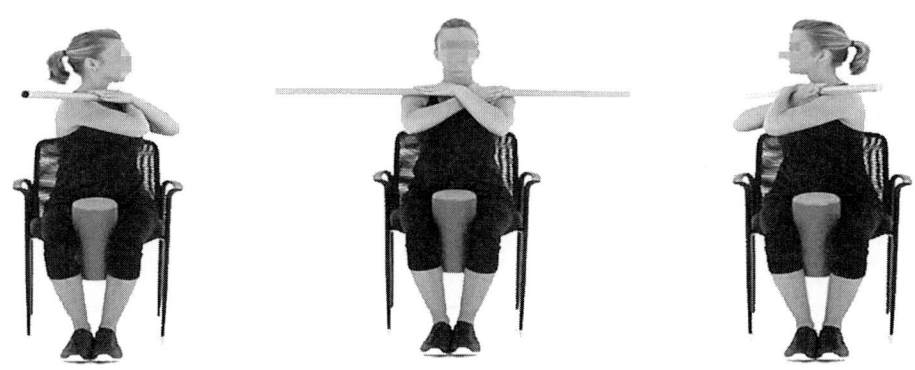

어드레스 자세 시 어깨 위치에서 무게 추를 내렸을 때 무게 추가 발바닥 지지면을 이등분하는게 좋다. 이렇게 자세를 취하면 상체가 25도 정도 앞으로 자연스럽게 굽게 된다. 공을 주시하는 동안 어깨를 너무 앞쪽으로 내밀면서 등이 굽지 않도록 주의해야 한다.

무릎은 그림처럼 오른쪽 겨드랑이에서 클럽을 내려뜨린 선에 무릎이 닿거나 약간 앞으로 나오도록 한다. 호간(Hogan)은 어드레스 시 팔의 위치가 단지 팔꿈치 오목(Anticubital space)이 앞쪽으로 향한 것을 제외하고 피트니스 센터에서의 데드 리프트라는 운동을 시작하기 위한 동작과 일치한다고 묘사하였다. 이 자세는 골프 스윙 시 팔과 허리의 기능적 통합자세라고 할 수 있다.

6. 동적 자세적 관점에서의 골프 스윙

어떤 근육이 골프스윙에 관여할까? 모든 근육이 관여한다고 하는 게 정답일 것이다. 기초적인 생체역학과 운동기능학적 지식을 가진 사람이라면 골프의 풀 스윙이 매우 복잡하면서도 미세한 근육조정과 근력, 밸런스, 파워가 필요하다는 것을 알수있다. 안정적 동적 자세를 유지하기 위해서는 풀 스윙 시 적절한 관절의 기능과 회전축이 동시에 유지되어야 한다. 이것은 신경역학적으로(neuromechanically) 상당히 어려운 동작이다.

7. 백 스윙, 다운 스윙, 팔로 스로우

골프스윙에 있어서 백스윙은 전체적인 스윙의 리듬, 템포, 흐름(flow), 수준, 파워, 스윙 궤적, 밸런스, 스윙폭, 스윙 아크(arc) 등 모든 부분에 영향을 미친다.

백 스윙을 할 때 어드레스에서부터 마치 공 두 개를 연결해놓고 뒤에 있는 공을 빗자루로 쓸듯이 팔과 클럽의 움직임이 시작된다. 팔을 들어올릴 때 스윙의 단면은 어깨의 제일 위에서부터 허리골반, 골프 공까지 생각할 수 있으며, 이러한 백 스윙의 탑은 클럽이 문틀과 수평위치에서 놓인 것 과 같은 자세를 형성한다(아이언은 수평이 되기전에 멈춘다).

데이비드 레드베터(David Leadbetter)는 "백스윙의 탑 단계 때 클럽이 수평 상태를 지나칠 때까지 오버스윙(Overswing)을 진행 해야 할 필요가 없으며 이는 비효율적일 뿐만 아니라 스윙의 일관성을 해친다"고 하였다. 그는 파워를 만들어내는데 필요한 스윙의 폭을 확보하면서도 좀 더 높은 제어력 확보를 위하여 스윙의 길이를 줄일 수 있는 방법을 소개하였는데 백 스윙의 탑 단계 때 샤프트를 반드시 표적선에 대하여 평행이 되어야 한다고 하였다. 즉 백 스윙의 탑에서 클럽을 현관문 위에 올려놓는다는 생각으로 스윙을 하는데,

예를 들면 골프스윙 시 작은 현관문을 등지고 서 있다고 상상한다. 백 스윙을 할 때 양손을 문틀의 한쪽 구석이나 그 위로 밀어 올려 클럽을 현관문의 위쪽에 수평으로 걸쳐놓는다고 생각한다.

　이때 가능한 한 백 스윙의 궤도를 폭넓게 가져가도록 하면서 왼팔은 편안하게 똑바로 펴주도록 한다. 오른팔은 90도 정도로 구부려준다. 그래야 클럽을 문의 위쪽으로 완벽하게 올려놓는데 도움이 된다. 백 스윙 때의 목표는 파워를 내기 위하여 몸을 최대로 감아주면서 동시에 제어력 확보를 위하여 비교적 팔의 스윙을 짧게 가져가는 것이다. 뛰어난 일관성을 이루려면 이 둘이 완벽한 조화를 이루어야 한다.

　백 스윙 시 중요한 점은 오른쪽 다리에 체중의 75%가 이동하지만 오른쪽 다리의 바깥쪽(외측)으로 다리이동이 없어야 한다. 또한 팔과 허리, 골반이 회전할 때(소위 몸이 코일링될 때) 회전축의 이동이 최소화되어야 한다. 회전축의 이동이 심하다면 공과 관련된 머리의 외측 움직임이 많아진다. 만약 머리의 이동이 머리 반만큼 보다 크게 옆으로 이동할 경우 스윙요소와 공의 비거리에 나쁜 영향을 끼친다.

　근육의 밸런스와 유연성이 적당하다면 백 스윙 시 회전축의 움직임이 척추에서 오른쪽 골반(고관절) 사이에서 동시에 작용한다. 즉 어드레스 시 회전축은 척추가 되지만 회전이 일어날 때 무게중심이 오른쪽으로 이동하고 회전축은 고관절로 향한다. 기술적으로 훌륭한 골퍼의 회전축은 하나의 롤링 실린더와 같다. 이러한 롤링 실린더의 회전축이 백 스윙의 탑에서 빠르게 방향과 회전축이 바뀌면서 다운스윙과 팔로우 스로우를 이룬다.

　백 스윙 시 목표물을 정확히 인식하기 위해 머리는 안정적으로 유지해야 한다. 만약 목과 등에서의 움직임 제한이 있다면 다음 세가지 중 하나가 발생한다.

1) 목의 움직임 제한은 신체의 다른 부분에서 보상적 움직임이 생기며, 이는 스윙의 일관성에 영향을 미친다.
2) 만약 경추 2번 아래에서 움직임 제한이 있다면 경추 1-2번에서 보상적 움직임이 생긴다. 이러한 보상적 움직임은 밸런스 능력과 인지능력을 방해한다.
3) 만약 신체가 이러한 보상적 작용을 효과적으로 대처하지 못한다면 눈이 순간적으로 공에서 멀어지고, 신체의 컨트롤과 목표 인식을 방해한다.

　이러한 일련의 과정에서 공의 비거리에 영향을 미치는 5가지 요소를 잘 조절해야 한다. 그렇지 않으면 공은 숲속이라던가 러프에 빠지고 말 것이다.

　클럽이 공을 때린 후(임팩트)에는 팔로우 스로우가 진행된다. 비록 골퍼가 각자 자신만의 팔로우동작이 있다고 하더라도 팔로우 스로우는 백스윙을 거울에 비친 모습과 같다. 이상적인 팔로우 스로우는 상체를 세운 상태로 균형이 유지되는 것이다. 역 C자 모양의 팔로우 스로우 자세는 허리와 척추에 전단력이 크기 때문에 허리통증을 유발할 수 있기 때문에 피해야 한다.

8. 유연성, 안정성, 근력, 파워

클럽페이스의 정렬, 스윙 궤도, 임팩트시의 각도, 스피드에 영향을 끼치는 인체의 4가지 요소는 균형잡힌 근육과 밸런스 능력, 정적-동적 자세의 안정성, 근력, 파워다.
이러한 4가지 요소를 잘 적용하는 것이 골프 컨디셔닝에 아주 중요하다. 골프 컨디셔닝의 첫 번째 요소는 유연성이다. 유연성의 향상은 다른 3가지 요소를 잘 사용하게끔 하는 촉매제와 같은 역할을 한다. 유연성이 회복되고 근육의 밸런스가 유지된다면, 정적-동적인 자세를 잘 이룰 수 있다. 모든 움직임에 있어 안정된 구조를 유지하기 위한 안정성과 밸런스 능력 또한 중요하다. 균형감 있는 신체와 안정성이 잘 유지되면 스포츠 손상의 위험성도 낮아지게 된다.

안정성을 형성한 후에는 골프의 기능적 움직임에 적용 가능한 근력이 필요하다. 마지막으로 파워 트레이닝이 진행되는데 파워가 크면 클수록 신체를 통해 클럽, 공으로 파워가 전달되어 더 멀리 공을 날려보낼 수 있다. 그러나 유연성과 안정성 없이는 덜 익은 과일을 따는 것과 같이 부상의 위험을 더 크게 할 것이다.

골프를 즐기고 더 잘 할 수 있으려면 부상의 위험을 줄여야 한다. 몇 가지 간단한 방법을 알고 적용하면 골프 손상을 예방할 수 있을 것이다.

골프 손상 후 통증에 대한 정확한 원인을 알고 치료하여야 한다. 단지 일시적인 통증 완화에 중점을 두기 보단 근원적 치료를 통해 원인을 제거하고 골프 컨디셔닝 트레이닝을 받는다.

급성 통증이라면 손상 후 3주 이내에 통증이 완화된다. 만약 통증이 완화되지 않고 지속된다면 만성적인 경우며 통증이 어디에서 기원했는지 평가하고 교정 하도록 한다.
만약 기능적으로 골프능력을 향상시키고자 한다면 근골격계에 작용하는 유연성, 밸런스, 안정성이 먼저 트레이닝 되어야 하며 이후 골프에 적용 가능한 근력, 파워를 증가하도록 해야 한다.

제 3 장. 골프 준비운동

제 3 장. 골프 준비운동

1. 골프를 위한 준비운동의 중요성

빨리 코스를 돌고자 하는 욕심으로 많은 사람들이 준비운동을 무시하게 된다. 골프를 위한 준비운동은 관절을 더 부드럽게 하고 근육과 결합조직을 따뜻하게 하여 감각기관을 더욱 더 예민하게 반응하도록 한다. 이러한 모든 작용은 골프를 더욱 잘 하도록 하는데 도움이 된다.

많은 프로골퍼에서 이러한 준비운동을 행함으로 더 나은 경기력을 발휘한다는 것을 일반 아마츄어 골퍼는 잘 인식하지 못하는 것 같다.

이 책에서 사용하는 골프 준비운동은 움직임 시스템을 수정 보완하였다. 근육에너지 운동은 관절을 능동적으로 움직임으로서 운동 범위가 제한된 근육을 개선하는데도 사용할 수 있다. 많은 연구들에서 관절을 가로지르는 직접적은 근육 스트레칭 보다 이러한 자극 유형이 40 대 이후의 골퍼에 있어서 더욱 효과적이다. 나이가 들면 관절은 퇴행성 변화를 보이며 의도적인 노력이 없다면 유연성이 급격히 떨어져 운동능력이 감소된다.

우리 몸은 관절의 통증을 막기 위해 관절움직임 범위를 제한한다. 스트레칭을 하는 동안, 근육은 의도적으로 관절가동 범위를 늘리고자 함에도 불구하고 너무 과도하게 늘어나는 것을 예방하기 위해 능동적으로 단축된다. 동적 준비운동과 근육 에너지 운동은 정적 스트레칭이 강제적으로 근육을 늘리려고 하는 위협을 더 적게 받아들임으로 관절움직임을 더 자유롭게 허용한다. 증가된 관절가동범위는 더 지속적이면서도 관절 움직임 범위가 과도하게 진행되는 것을 막으려는 몸의 방어 반응 없이 새롭게 관절가동범위를 늘어나도록 한다.

운동을 진행할 때 뇌는 새롭게 형성된 관절 움직임 범위를 인식하여, 익숙한 근육의 길이에 대한 비교를 하지 않으므로 해서, 움직임을 바꾸려고 하지 않지만, 정적 스트레칭은 관절의 움직임 범위가 증가했는데도 불구하고 뇌가 근육의 길이 변화를 인식하지 못함으로 관절범위는 늘었지만 과거 스윙 패턴과 현재의 관절움직임 범위를 비교하고 수정하고자 하는 몸의 반응으로 인해, 오히려 스윙이 더 나빠진다.

근육에너지 운동은 능동적 스트레칭의 아주 좋은 방법이다. 만약 정적인 스트레칭보다 근육에너지 운동 또는 정적인 스트레칭과 병행함으로 더 좋은 결과를 가졌다면 앞으로도 병행하는 것이 더 좋다.

▶ **어떻게 골프에서 근육에너지 운동을 사용할 것인가?**

골프에 필요한 근육에너지 운동을 최대로 활용하기 위해서는 어떤 근육에 적용할 것인가를 선택하고 동적 준비운동의 하나로 구성하여 수행한다. 이러한 준비운동은 근육 손상을 최소화하면서도 관절운동 범위를 효과적으로 늘려주어 스윙을 훨씬 더 부드럽게 해 줄 것이다. 목과 몸통운동을 제외하고 바닥에 누워서 해야 하는 동작은 골프 준비운동으로 적합하지 않을 수도 있다. 하지만 깨끗한 클럽하우스 바닥을 이용하여 몇 분의 운동은 골프 수행력 향상을 가져올 수 있을 만큼 충분히 가치가 있다. 이러한 준비운동이 골프에 도움이 되었는지를 평가하기 위해서는 준비운동을 하지 않고 몇번의 스윙연습을 해보고 준비운동이 끝난 다음 비교를 해보면 된다.

실재 공을 치지 않는다 하더라도 허리, 골반, 어깨의 관절운동 범위가 늘었는지, 보다 적은 노력으로 스윙이 부드러워졌는지, 시야각이 더욱 선명해졌거나 움직임에 대한 몸의 인식이 더욱 뚜렷한지를 통해 확인할 수 있다. 공을 치기 직전 이러한 준비운동을 함으로서 몸의 일치성이 좋아지고 비거리가 늘어나게 되며 잘못된 골프 스윙을 줄일 수 있다. 만약 서서 준비운동을 할 수 밖에 없는 상황이라면 다음 가벼운 동작들을 활용해서 준비해 보도록 하자.

■ 골프를 위한 최고의 워밍업 운동

골프 바로 전 정적인 스트레칭은 퍼포먼스를 저하시킬 수 있지만, 또 다른 종류의 스트레칭은 퍼포먼스를 향상시킬 수 있다.

◈ 정적 스트레칭 (Static Stretch) 가이드

- 가슴 스트레칭
- 보통 15-30초간 자세를 유지

▶ 동적 스트레칭(Dynamic Stretching)

동적 스트레칭은 움직임과 탄력을 이용하여 근육을 스트레칭하는 방식입니다. 특정 자세를 유지하는 정적인 스트레칭과는 달리, 동적 스트레칭에서는 동작의 끝 부분에서 짧게 근육을 스트레칭합니다. 예시를 통해 이해하기 쉽다:

◈ 동적 스트레칭 (Dynamic Stretch) 가이드
- 10-20회 동작 수행
- 각 동작의 끝에서 잠깐 스트레칭 발

동적 스트레칭은 골프 워밍업 운동으로 매우 효과적이다. 근육의 긴장을 줄여 부상(예: 근육 파열)을 예방할 수 있으며, 빠르고 강력하며 정확한 골프 스윙을 할 수 있도록 도와준다.

2. 골프 워밍업 루틴 샘플

아래의 워밍업 루틴은 실용성과 효과를 고려하여 설계되었다. 연습장에서나 락커룸에서 수행할 수 있으며(실내라면 안전을 위해 골프화 스파이크를 벗으세요), 다음과 같이 진행하면 좋다:

- **이른 아침 티오프 시**: 골프장에 출발하기 전에 한 번 수행하고, 티오프 10-15분 전에 다시 한 번 수행한다.
- **늦은 티오프 시**: 코스에서 한 번만 수행한다.

운동 목록

1) 가슴 앞 팔 움직이기 (Arms Across Chest)- 15-20회

2) 팔 돌리기 (Arm Circles)- 각 방향으로 10-15회

3) 엉덩이 회전 (Hip Rotations)- 각 방향으로 10-15회

4) 런지 (Lunges)- 각 다리당 8-10회

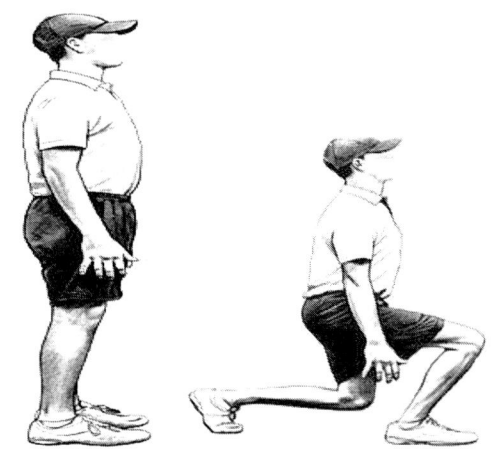

5) 다리 앞으로 차기 (Forward Leg Swings)- 각 다리당 10-15회

루틴의 진행 방법
1. 위 운동들을 제시된 순서대로 수행한다.
2. 한 번 완료 후, 처음부터 다시 시작하여 전체를 2번 반복한다.
3. 마지막으로, 골프 클럽 2개를 함께 잡고 5-10회 무게를 실은 골프 스윙을 한다.
4. 이 워밍업 루틴은 티오프 10-15분 전에 마치는 것이 좋다.

Tip - 골프 클럽이 있다면 등뒤에 놓고 양손으로 잡고 흉추를 회전 시키는 것 또한 효과적인 방법이다.

비생리적 관절운동(non physiological joint motion)의 중요성!

자전거의 손잡이나 자동차의 핸들을 생각할 때 과도하게 힘을 주어 누를 때 잘 움직이지 못할 수 있다. 만약 이런 경우 손잡이나 핸들에 주었던 힘을 빼고 다시 가볍게 힘을 줄 때(비생리적 관절운동)는 잘 움직인다.

골퍼에서도 만약 근육의 과도한 긴장이 있다면 관절움직임이 제한 될 것이다. 비생리학적 관절 움직임은 움직임이 일어나는 주요한 평면이 아닌 다른 평면에서 일어나는 움직임이다.

즉, 골프의 백 스윙은 시상면에서 일어나지만 정면이나 횡단면의 움직임뿐만 아니라 미끄러짐이 자유롭지 못하면 이루어질 수 없다.

비생리적 관절운동은 골퍼에게 매우 중요한 개념이다. 만약 어떤 관절에서 비생리적 관절운동을 잃게 된다면 다른 관절에서 보상작용이 일어난다. 결국 의도하지 않은 근육의 사용으로 일관된 스윙을 할 수 없다. 종종 티칭 프로들은 훅이나 슬라이스에 대한 대안적 기술을 지도하지만 비생리적 보상에 의해 훅이나 슬라이스가 유발된다는 것을 알지 못할 수도 있다.

■ 스윙의 진행

　스윙의 진행은 골프 준비운동의 마지막 단계로 주어진 골프 시간에 맞추어 컨디셔닝을 조절할 수 있도록 한다. 먼저 한손으로 7번 아이언을 들고 50%의 힘으로 절반 정도만 스윙을 한 후 양손으로 실시한다. 잠깐 쉰 후, 50%의 스피드로 시작하여 풀 스피드로 5번 풀 스윙을 한다. 마지막으로 드라이버로 점진적으로 강도와 스피드를 높여 10회 풀 스윙을 한다.

3. 어깨와 허리의 통합운동

● 흉추 가동성 운동 상부

　골반을 45도 굽혀 옆으로 눕는다. 팔꿈치를 구부려 손을 뒤통수에 두고 천천히 편안한 범위까지 최대한 회전 시킨다. 천천히 이 동작을 10~20회 반복하면서 더 멀리 회전되거나 혹은 팔꿈치가 바닥에 더 가까이 닿을 수 있도록 한다. 억지로 무리하게 힘을 쓰지 않고 몸을 돌리도록 해야 한다. 10~20회 반복 후 반대쪽도 수행한다.

● **흉추 가동성 운동 중부**

골반을 45도 굽혀 옆으로 눕는다. 팔꿈치를 구부려 손을 허리뒤에 놓고 천천히 편안한 범위까지 최대한 회전 시킨다. 천천히 이 동작을 10~20회 반복하면서 더 멀리 회전되거나 혹은 어깨가 바닥에 더 가까이 닿을 수 있도록 한다. 억지로 무리하게 힘을 쓰지 않고 몸을 돌리도록 해야 한다. 10~20회 반복 후 반대쪽도 수행한다.

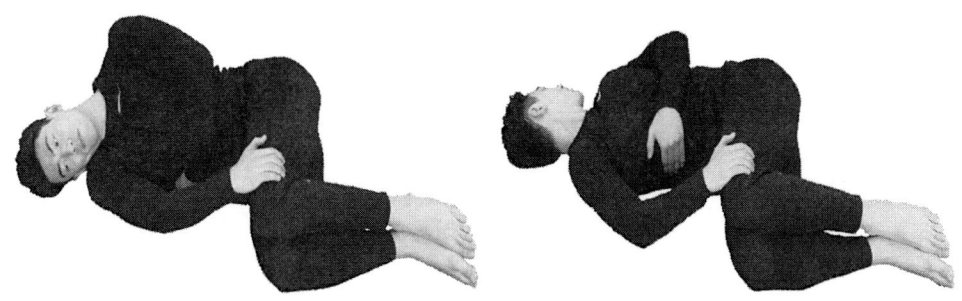

● **흉추 가동성 운동 하부**

골반을 45도 굽혀 옆으로 눕는다. 팔꿈치를 구부려 손을 허리뒤에 놓고 천천히 편안한 범위까지 최대한 회전 시킨다. 천천히 이 동작을 10~20회 반복하면서 더 멀리 회전되거나 혹은 어깨가 바닥에 더 가까이 닿을 수 있도록 한다. 억지로 무리하게 힘을 쓰지 않고 몸을 돌리도록 해야 한다. 10~20회 반복 후 반대쪽도 수행한다.

4. 힙과 골반의 통합 운동

골반과 골반의 통합운동은 골반과 허리에 긴장이 많은 사람이나 시니어 골퍼에게 유용한 근육에너지 운동이다.

처음 시작은 오른쪽 무릎을 굽히고 눕는다. 시작할 때는 오른쪽 발을 바닥에 힘을 실어 골반이 가볍게 바닥에서 뜰 정도면 충분하다. 10~20회 반복하고 골반을 앞으로 움직이도록 해본다. 반복운동 동안 허리가 약간 바닥에서 뜰 수 있다. 각각의 반복 동안 충분히 이완되게 하고 골반이 들려 가볍게 돌아가도록 한다. 운동이 진행되는 동안 가슴도 가볍게 돌아간다. 이 운동을 완전하게 마치면 얼굴은 앞으로 향하면서 오른쪽 어깨가 가볍게 바닥에서 뜨는 지점까지 수월하게 회전할 수 있을 것이다. 반대쪽도 골반과 허리가 충분히 이완될 때까지 반복 수행한다.

이 근육에너지 운동은 골퍼에게 척추를 이완시킬 뿐만 아니라 골반과 천골 관절을 움직이는데 아주 좋은 운동이다. 척추와 골반의 움직임은 적절한 타이밍, 골프 스윙, 임팩트 파워에 필수적이다.

◆ 준비운동을 위한 근육에너지 운동의 선택

비록 근육에너지 가동화 운동이 겨우 몇 분의 시간밖에 소요되지 않는다 하더라도 충분히 효과가 있다. 목과 몸통의 운동과 두세 가지의 근육에너지 운동을 준비운동의 구성요소로 선택하면 좋다. 만약 시간이 없다면 현재 기능적 상태를 기초로 어깨 척추통합운동과 힙과 골반 통합운동 중 한 가지만을 고려해도 좋을 것이다.

만약 어깨가 불편하거나 통증이 있다면 어깨 척추 통합운동이 골프를 하는데 있어 매우 유용함을 알게 될 것이다. 혹은 허리가 문제였다면 골반과 골반 통합운동이 도움이 될 것이다. 만약 등 부분에 통증이 있거나 불편할 경우 어떤 근육에너지 운동이 준비운동에 더 효과적인가를 확인해보고 그 운동을 골프 전 준비운동으로 선택하면 된다.

자신에게 맞는 근육에너지 운동을 선택한다면 다음 골프 전 준비운동을 통해서 더 진보할 수 있다.

제 4 장. 골프 스트레칭

제 4 장. 골프 스트레칭

1. 골프 자세 교정을 위한 스트레칭

스트레칭을 하더라도 준비운동이 필요하다고 하면 의아해 할 수도 있다. 스트레칭 자체가 준비운동으로 생각하기 때문이다. 그러나 추운 날씨에서는 근육이 수축되어 있기 갑작스럽게 스트레칭을 할 경우 근육이 과 긴장되어 오히려 손상을 받을 수 있다. 따라서 스트레칭도 하나의 운동으로 생각하고 가볍게 조깅을 한다던가 해서 체온을 올려놓고 따뜻한 공간에서 스트레칭 하는 것이 더 효과적이다. 스트레칭으로 근육의 긴장이 이완되는 이유는 건과 근육에 긴장이 주어지면 열이 발생하는데 이러한 열의 발생이 근섬유를 늘어나게 한다. 그러나 추운 날씨에서는 이러한 과정이 효과적으로 작용하지 않아 근 섬유가 찢어질 가능성이 있다.

골프에서 효과적인 스트레칭을 위해서는 가볍지만 체온을 유지할 수 있는 옷을 입는 것이 중요하다. 만약 추운 날씨에서 체온을 유지할 수 없는 옷이라면 스트레칭을 하였다 하더라도 첫 번째 홀을 가기도 전에 상승시킨 체온이 떨어져 스트레칭 효과를 반감할 수 있다.

스트레칭이 중요하다고는 하지만 너무 많은 종류와 정보는 어떻게 효율적으로 스트레칭 프로그램을 정리하고 실행할 것인지 혼란스럽게 한다. 많은 책에서 소개하는 스트레칭을 다 진행하기에는 너무 많은 시간이 소요될 것이며 가능하지도 않다. 따라서 각 개인에 적합한 스트레칭 계획을 작성하여 게임 전, 후, 시즌 중, 시즌 후 등으로 나누어 실행하는 것이 효과적이다. 스트레칭 계획은 각 개인별 단축된 근육을 평가하고 그에 적합한 스트레칭을 포함하여 작성한다.

골프에 적합한 스트레칭 프로그램을 작성하기 위해서는 어떤 스트레칭이 골프 자세나 스윙에 맞는지 확인하고 자신에게 맞춰 부족한 부분을 교정하도록 프로그램을 만들어야 한다.

다음에 제시되는 표는 골퍼 자신이 어떤 점이 부족하고 그에 적합한 스트레칭을 찾아서 운동을 할 수 있도록 하는데 있다. 단축된 근육검사와 별도로 자세나 스윙의 기술적 향상을 위해서 그에 맞는 스트레칭을 추가해서 실행한다. 스트레칭은 자세교정이나 단축 근육이 교정될 때까지 진행하여야 한다. 교정 후에는 다시 되돌아가지 않도록 유지 프로그램의 하나로 스트레칭을 꾸준히 하는 게 좋다.

◆ 골프 자세 및 스윙에 맞는 교정 스트레칭

잘못된 자세	교정 스트레칭
잘못된 어드레스	목 측굴 스트레칭, 견갑거근 스트레칭, 목 신전 스트레칭,
스윙 때 그립을 놓친다	목 회전 스트레칭, 목 측굴 스트레칭, 견갑거근 스트레칭, 목 신전근 스트레칭, 어깨 내회전근과 소흉근 스트레칭, 어깨 외회전 스트레칭, 능형근 스트레칭, 대흉근 스트레칭, 손목신전근 스트레칭, 손목 굴곡근 스트레칭
어드레스 때 클럽페이스의 잘못된 정렬	목 회전 스트레칭, 목 측굴 스트레칭, 견갑거근 스트레칭, 목 신전근 스트레칭, 어깨 내회전근과 소흉근 스트레칭, 어깨 외회전 스트레칭, 능형근 스트레칭, 대흉근 스트레칭, 손목신전근 스트레칭, 손목 굴곡근 스트레칭, 복사근 스트레칭, 허리 회전근 스트레칭, 골반 굴곡근 스트레칭
어드레스 때 잘못된 몸의 정렬	모든 항목의 스트레칭과 근육 밸런스 검사
너무 넓게 선다.	90도/90도 골반 스트레칭, 담배 비벼끄기 스트레칭, 선 자세에서 햄스트링 스트레칭
어드레스 시 긴장	모든 항목의 스트레칭
클럽 헤드가 안쪽으로 너무 빨리 움직인다.	목 회전 스트레칭, 견갑거근 스트레칭, 능형근 스트레칭, 대흉근 스트레칭, 손목 굴곡근 스트레칭, 광배근 스트레칭, 복사근 스트레칭, 허리 회전근 스트레칭
백 스윙 시 클럽 페이스가 뒤로 닫힌다	목 회전 스트레칭, 오른쪽 어깨 내회전근 및 소흉근 스트레칭, 왼쪽 어깨 외회전근 스트레칭, 왼쪽 능형근 스트레칭
클럽이 백스윙의 탑에서 목표의 왼쪽을 가리킬 때	광배근 스트레칭, 복직근 스트레칭
몸통회전(바디 턴)이 너무 빠르다.	90도/90도 스트레칭, 담배 비벼끄기 스트레칭, 선 자세에서 골반 내회전근 스트레칭, 서혜부 스트레칭, 서혜부 앞으로 기울면서 스트레칭, 누워 대퇴근육 스트레칭, 짐볼을 이용한 대퇴근육 스트레칭
불완전한 몸통회전(바디 턴)	광배근 스트레칭, 복직근 스트레칭, 복사근 스트레칭, 허리 회전근 스트레칭, 골반 굴곡근 스트레칭, 척추 기립근 스트레칭

잘못된 자세	교정 스트레칭
왼팔이 구부러지면서 오버 스윙	견갑거근 스트레칭, 오른쪽 어깨 내회전근과 소흉근 스트레칭, 왼쪽 어깨 외회전근 스트레칭, 왼쪽 능형근 스트레칭, 90도/90도 골반 스트레칭, 담배 비벼끄기 스트레칭, 선 자세에서 골반 내회전근 스트레칭, 서혜부 스트레칭, 서혜부 앞으로 기울면서 스트레칭, 누워 대퇴근육 스트레칭, 짐볼을 이용한 대퇴근육 스트레칭
나쁜 골프 궤적 너무 서거나 너무 평평하다	클럽 헤드가 안쪽으로 너무 빨리 움직인다. 백 스윙 시 클럽 페이스가 뒤로 닫힌다 클럽이 백스윙의 탑에서 목표의 왼쪽을 가리킬 때 불완전한 몸통회전(바디 턴)의 스트레칭과 같다.
몸통 뒤에서 클럽이 머무른다	오른쪽 어깨 외회전근육 스트레칭, 오른쪽 능형근 스트레칭, 오른쪽 광배근 스트레칭, 복사근 스트레칭, 허리 회전근 스트레칭, 왼쪽 90도/90도 골반 스트레칭, 왼쪽 담배 비벼 끄기 스트레칭
체중을 옮기는 것이 어렵다	골반 굴곡근 스트레칭, 90도/90도 골반 스트레칭, 담배 비벼끄기 스트레칭, 선 자세에서 골반 내회전근 스트레칭, 서혜부 스트레칭, 서혜부 앞으로 기울면서 스트레칭, 선 자세에서 햄스트링 스트레칭, 누워 대퇴근 스트레칭, 짐볼을 이용한 대퇴근 스트레칭
너무 빠른 릴리스	90도/90도 스트레칭, 담배 비벼끄기 스트레칭, 선 자세에서 골반 내회전근 스트레칭, 서혜부 스트레칭, 서혜부 앞으로 기울면서 스트레칭, 누워 대퇴근 스트레칭, 짐볼을 이용한 대퇴근 스트레칭
왼쪽으로 체중이 과다하게 실린다.	광배근 스트레칭, 복직근 스트레칭, 복사근 스트레칭, 허리 회전근 스트레칭, 골반 굴곡근 스트레칭, 척추 기립근 스트레칭, 90도/90도 스트레칭, 담배 비벼끄기 스트레칭, 선 자세에서 골반 내회전근 스트레칭, 서혜부 스트레칭, 서혜부 앞으로 기울면서 스트레칭, 누워 대퇴근 스트레칭, 짐볼을 이용한 대퇴근 스트레칭,
임팩트 후 팔의 신전이 되지 않는다.	광배근 스트레칭, 복직근 스트레칭, 복사근 스트레칭, 허리 회전근 스트레칭, 골반 굴곡근 스트레칭, 90도/90도 스트레칭, 담배 비벼끄기 스트레칭, 선 자세에서 골반 내회전근 스트레칭, 오른쪽 서혜부 스트레칭, 짐볼을 이용한 오른쪽 대퇴근 스트레칭

잘못된 자세	교정 스트레칭
팔로우 스로우 - 자세가 나쁘다	광배근 스트레칭, 복직근 스트레칭, 복사근 스트레칭, 허리 회전근 스트레칭, 골반 굴곡근 스트레칭, 90도/90도 스트레칭, 담배 비벼끄기 스트레칭, 선 자세에서 골반 내회전근 스트레칭, 오른쪽 서혜부 스트레칭, 짐볼을 이용한 오른쪽 대퇴근 스트레칭
과도하게 머리를 흔든다.	목 회전스트레칭, 목 측굴 스트레칭, 견갑거근 스트레칭, 목 신전근 스트레칭, 어깨 내회전근과 소흉근 스트레칭, 어깨 외회전 스트레칭, 90도/90도 골반 스트레칭, 담배 비벼끄기 스트레칭, 선자세에서 골반 내회전근 스트레칭, 서혜부 스트레칭, 서혜부 앞으로 기울면서 스트레칭
슬라이스 또는 풀	견갑거근 스트레칭, 어깨 내회전근과 소흉근 스트레칭, 어깨 외회전근 스트레칭, 90도/90도 골반 스트레칭, 담배 비벼끄기 스트레칭, 선자세에서 골반 내회전근 스트레칭, 서혜부 스트레칭, 서혜부 앞으로 기울면서 스트레칭, 누워 대퇴근 스트레칭, 짐볼을 이용한 대퇴근 스트레칭
훅 또는 푸싱	견갑거근 스트레칭, 오른쪽 어깨 내회전근과 소흉근 스트레칭, 오른쪽 능형근 스트레칭, 오른쪽 손목 굴곡근 스트레칭, 오른쪽 광배근 스트레칭, 90도/90도 골반 스트레칭, 담배 비벼끄기 스트레칭, 선 자세에서 골반 내회전근 스트레칭, 서혜부 스트레칭, 서혜부 앞으로 기울면서 스트레칭, 누워 대퇴근 스트레칭, 짐볼을 이용한 대퇴근 스트레칭
생크	모든 항목의 스트레칭과 근육 밸런스 검사
너무 두꺼운 샷	모든 항목의 스트레칭과 근육 밸런스 검사
회전 축을 사용하지 못하는 과도한 바디 모션	90도/90도 골반 스트레칭, 담배 비벼끄기 스트레칭, 선 자세에서 골반 내회전근 스트레칭, 서혜부 스트레칭, 서혜부 앞으로 기울면서 스트레칭, 누워 대퇴근 스트레칭, 짐볼을 이용한 대퇴근 스트레칭
여성골퍼 - 파워 부족	견갑거근 스트레칭, 허리 회전근 스트레칭, 골반 굴곡근 스트레칭, 척추기립근 스트레칭
시니어 골퍼 - 움직임 가동범위가 작다	모든 항목의 스트레칭과 근육밸런스 검사
시니어 골퍼 - 파워가 약하다	모든 항목의 스트레칭과 근육밸런스 검사

2. 교정 목적 스트레칭(Corrective Stretching)

교정 스트레칭은 골프의 스윙 메커니즘에 잠재적 영향을 미칠 수 있는 관절범위가 축소되어있거나 근육의 단축이 있는 사람에게 유용하다. 이러한 스트레칭은 짧아진 근육을 바로잡아주며 장기적으로는 근육의 불균형으로 초래될 수 있는 스포츠 손상 예방을 위해 필요하다. 만약 한쪽이 불균형한 상태에서 지속적으로 운동을 한다면 신경계에서는 이러한 불균형에 대한 보상작용이 일어난다. 이러한 상태가 오래된다면 부상을 쉽게 얻을 수 있다.

교정 스트레칭은 다음과 같이 실시하면 효과적이다.

1) 운동 전
운동 전 교정 스트레칭은 단축된 근육만 선택적으로 스트레칭하는게 좋다. 만약 단축되지 않은 근육까지 교정 스트레칭을 할 경우 뇌에서는 어느 근육이 단축되었는지 혼동을 하게 되고 결국은 관절과 근육 손상을 초래할 수 있다.

2) 잠자기 전
교정 스트레칭은 하루를 시작하는 아침이나 낮 시간 보단 잠자기 1~2 시간 전에 하는게 좋다. 하루 중 혹은 운동 후 근육은 모르는 사이 손상을 받게 되거나 긴장되면서 짧아진다. 이러한 상태를 유지하면서 잠을 잔다면 단축된 근육이 이완될 시간이 없다. 따라서 하루를 마무리 하면서 단축된 근육을 교정한다면 근육의 회복을 촉진시키면서 불균형을 예방할 수 있다. 근육의 피로는 쉬는 동안 회복한다는 것을 명심하자.

◆ 유지 목적 스트레칭(Maintenance Stretching)

만약 단축된 근육이 교정 스트레칭과 교정운동 등으로 균형을 이루었다면 유지 스트레칭을 시작할 단계이다. 이러한 유지 스트레칭은 골프등과 같이 지속적으로 스트레스를 받아 문제를 일으킬 수 있는 근육에 집중한다.

유지 스트레칭은 그 근육이 단축되지 않았다 하더라도 누구나 할 수 있다. 만약 근육 검사에서 특별한 문제없이 모든 부분에서 유연성이 적정하게 유지되고 있다면 골프를 치든 스포츠활동을 하던 일반적인 일을 하더라도 이러한 유지 스트레칭을 통해서 지속적으로 관리한다면 근골격계 질환 즉 관절손상이나 근육손상을 예방하는 효과가 있을 것이다. 사실 많은 골퍼들이 스트레칭에 대해서 크게 고려하고 있지 않다가 몸에 손상 또는 이상이 있을 때에야 교정 스트레칭의 필요성을 인식한다. 또한 교정이 되었다 하더라도 유지에 대해서도 신경을 많이 쓰지 않기 때문에 결국은 좋았다 말았다 반복함으로써 시간의 문제지 최종적으로는 근골격계 손상을 받게 된다.

3. 경기 전·후 스트레칭(Pre Event Stretching)

모든 사람이 골프 메커니즘에 적합할 정도의 유연성을 가지고 있진 않다. 오랜 시간 앉아서 일하는 사람들이나 과거 정형외과적 손상의 경험이 있거나 현재에도 근육통을 가지고 있는 사람들은 불과 몇 시간 만에도 근육 단축이 일어난다. 따라서 골프를 하는 사람들은 근육 에너지 가동화 운동이 포함된 경기 전 스트레칭 또는 준비운동에 참여하는 게 좋다. 경기 전 스트레칭은 드라이빙 연습 중이거나 골프 레슨 혹은 실재 경기에서 최선의 경기력을 발휘 할 수 있도록 정확하게 수행되어야 한다. 만약 잘못된 방법으로 스트레칭을 할 경우나 이완시켜야 할 근육이 다르다면 근육이나 관절에 손상을 받을 수 있다. 예를 들면 짧아진 근육의 회복과 이완을 시킬 목적으로 수행된 교정 스트레칭 기술이 안정화를 요구하는 근육에 적용되었다면 관절을 잡아주는 기능적 역할을 제대로 수행하지 못하기 때문이다.

많은 스포츠과학자들은 몸으로 익힌 운동학습의 패턴이 뇌에 인식된다고 생각한다. 인체는 수많은 움직임 기술과 능력을 가지고 있으며, 이것을 일반적 움직임 패턴으로 기억한다. 일반적 움직임 패턴은 다른 비슷한 움직임과 다르지 않다. 예를 들면 골프에서 치핑, 드라이빙 또는 피칭은 몸통의 회전 움직임이 골프 스윙의 일련된 과정과 관련된다. 이러한 것으로부터 골프 스윙은 환경이나 조건에 따라 뇌가 얼마나 더 강하게, 또는 얼마나 더 빠르게 스윙할 것인가를 결정한다.

만약 준비운동으로서 정적 스트레칭을 할 경우 근육에 있는 근방추 세포의 길이변화를 뇌에서 효과적으로 인식하지 못한다. 따라서 이러한 정적 스트레칭 직후 골프 드라이빙을 할 경우 몸통 회전과 스윙, 드라이브에 대한 뇌의 정보와 과거 드라이빙을 했던 근육의 움직임이 다르기 때문에 잘 적응하지 못한다. 결과적으로 뇌는 인식하고 있던 스윙 패턴과 비교하여 근육의 움직임을 수정하고자 한다. 하지만 불행하게도 이러한 과정은 골프 스윙의 시작단계와 임팩트 순간의 시간보다 더 길게 걸린다. 골프를 하다 보면 클럽을 스윙하는 동안 탑에서 임팩트 순간 문제가 있다는 것을 뇌에서는 인지하지만 스윙을 수정하기에는 이미 늦었다는 것을 경험을 한 적이 있을 것이다. 만약 지연된 정적 이완 스트레칭에 의해 근육이 적절하게 신경계에 조절되지 않는다면 근수축을 관절 움직임 범위와 근육, 관절에 힘을 조절하지 못하여 즉, 신경반응에 대해 근육이 갑작스럽게 움직임을 변경하거나 한다면 결국은 관절과 근육손상을 입게 된다.

■ 경기 전 스트레칭

경기 전 스트레칭은 긴장성 근육이 짧아진 경우를 제외하고 정적 자세를 유지하는 스트레칭을 하면 안된다. 경기 전 스트레칭의 가장 좋은 방법은 동적(dynamic) 스트레칭을 하는 것이다. 동적 스트레칭은 멈추지 않고 목표로 하는 관절 움직임 범위까지 반복적으로 근육이 이완될 때까지 수행하는 것이다. 주의해야 할 점은 너무 빠르게 해서는 안되지만 또한 동작의 끝에서 2초 이상 멈추지도 않는다. 동적 스트레칭으로 근육을 움직이는 동안 우리 뇌는 근육의 길이 변화를 감시하게 된다. 경기 전 이러한 동적 스트레칭을 통해 오랫동안 정적인 스트레칭으로 유발될 수 있는 관절의 불안정성과 협응력의 부족을 예방할 수 있다.

● 동적(Dynamic) 스트레칭

(1) 전신 좌우로 흔들기
어드레스 자세를 취하고 손은 편 채 가볍게 아래로 늘어뜨린다. 하체와 머리는 가능하면 고정시키고, 양팔을 편 채 백 스윙을 하듯이 몸통을 회전시킨다. 이때 몸통과 어깨 회전은 90도 이상으로 유지하면서 회전 하는 방향이 오른쪽인 경우 오른쪽 팔은 최대한 뒤쪽으로 가게 하고 왼팔은 따라간다. 팔로우 스로우도 같은 방식으로 한다. 리듬감 있게 연속동작으로 8~15회 반복한다.

(2) 양팔 전 후로 흔들기
손을 양쪽 힙쪽에 대고 정면을 보고 선다. 양팔을 이용해 한 팔은 들어올리며(굴곡), 다른 팔은 내리기(신전)을 교차하여 반복한다. 15~20회 반복한다.

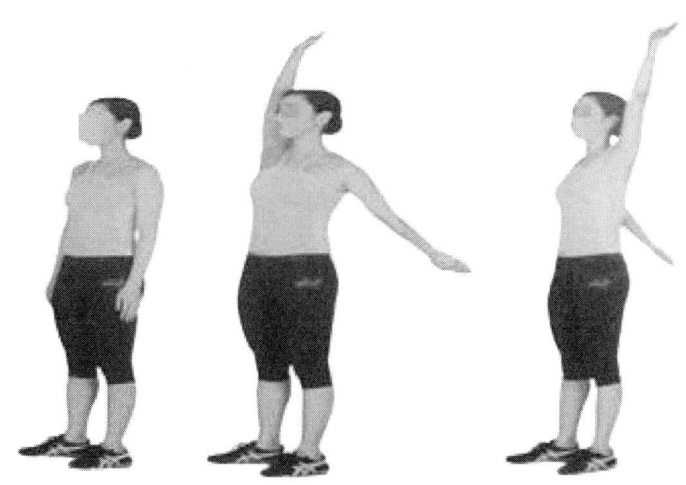

(3) 다리 좌우로 흔들기

한손으로 벽을 짚고 반대손은 허리에 대고 바로선다. 한발을 몸 안쪽으로 들어 올린 후 연속적으로 몸의 바깥쪽으로 최대한 들어올린다. 10~20회 반복하고 반대 발을 시행한다.

(4) 앉아 좌우로 다리 비틀기

상체를 최대한 고정시킨 채 무릎이 지면에 닿도록 측면으로 내려준 후 연속적으로 반대 방향으로 실시한다. 10~20회를 반복하여 실시한다.

(5) 골프 클럽 잡고 스윙하기

어드레스 자세로 클럽을 그림과 같이 아래로 내려뜨려 양쪽 끝을 잡는다. 하체와 머리는 최대한 고정시키고, 골프 스윙을 하듯이 상체와 팔을 한쪽 방향으로 회전시킨다. 효과적인 근육의 신전을 위하여 양팔은 펴고 실시한다. 연속적으로 상체와 팔을 반대 방향으로 회전시킨다. 10~20회 반복하여 실시한다.

(6) 클럽 잡고 한발 내딛기

발을 앞뒤로 벌리고 서서 클럽을 잡은 양팔은 어깨 높이까지 들어올린다. 체중을 앞으로 이동시키면서 무릎을 굽힌다(런지). 이때 가슴을 내밀며 양팔은 위로 뻗어 올린다. 10~20초동안 신전상태를 유지한 후 천천히 시작자세로 돌아온다. 같은 방법으로 반대쪽도 수행한다.

(7) 클럽잡고 손목 굽혀 펴기

클럽을 어깨 높이에서 양손으로 잡는다. 손등을 굽혀 올려 몸쪽으로 당겨 신전시킨다. 약 10~20초정도 유지한 후 손바닥 쪽으로 굽혀 유지한다.

■ 경기 후 스트레칭

스트레칭은 어떠한 스포츠라도 경기를 마친 후 운동 후 유발되는 근육통(Delayed onset muscle soreness)를 줄여주는 효과적인 수단이다. 근육의 피로는 근육 단축을 유발하고 근육 내 혈액순환을 원활하게 하지 못한다. 스포츠 경기가 끝났을 때 신진 대사는 증가된 채로 수 시간 유지됨으로 근육의 대사 부산물 또는 피로유발 물질이 여전히 남아있다. 운동 후 만들어지는 대사부산물은 산성물질로 근육조식의 감각신경을 악화시키므로 근육을 짧아지게 한다. 골프 후 이러한 지연된 근육통과 근육의 단축을 막기 위해서는 경기 후 스트레칭을 하는 것이 좋다.

경기 후 스트레칭은 골프에 사용되는 주된 근육이 포함되어야 하는데 어깨, 허리, 골반 등을 반드시 실시한다. 많은 골퍼들이 수 시간에 걸쳐 골프코스를 돌지만 경기가 끝난 다음 몇 분의 스트레칭을 소홀이 한다. 그러나 경기 후 스트레칭은 근육통과 근육의 단축을 막을 수 있도록 도와준다는 것을 있지 말자.

● 경기 후 좋은 스트레칭

런지 스트레칭

척추기립근 스트레칭

90도 90도 골반 스트레칭
또는 서혜부 스트레칭

누어서 무릎신전 및 햄스트링 스트레칭

견갑거근 스트레칭

어깨 회전근개 및 소흉근 스트레칭

어깨 외회전근 스트레칭

광배근 스트레칭

몸통 회전근 스트레칭

　중요한 점은 경기 후 스트레칭을 향상단계나 유지단계의 스트레칭으로 바꾸어 수행하면 안 된다. 경기 후 스트레칭은 신경계를 안정시키고 적정 수준으로 혈액순환을 회복시켜 근육의 움직임 범위의 회복을 위한 스트레칭이다. 경기 후 스트레칭을 한다고 해서 향상단계나 유지단계의 스트레칭을 결코 소홀히 해서는 안 된다. 만약 그렇지 않다면 유연성이 빠르게 소실 되며 결국 골프 코스에서 기술적 스윙 에러를 유발할 수 있다.

4. 정적 안정성 운동 방법의 필요성

■ 신경근 독립 운동, 신경근 통합운동

골프 컨디셔닝 프로그램은 기능적 운동을 기본으로 하고 있다. 보디빌딩과 같이 독립된 근육만을 만드는 운동이 아닌 기능적 운동은 개별 스포츠환경에 적합한 밸런스, 힘, 근력등의 협응을 강조한다. 인간의 뇌는 독립된 근육형성에 작용하기 보단 통합된 운동에 더 잘 작용한다. 즉, 하나의 단독 근육을 발달시키기보다 독특하게 프로그램 된 동작에 적합한 근육군을 발달시키는 것이 바람직하다. 따라서 골프 컨디셔닝 프로그램은 몸을 완전하게 만드는 운동으로 구성되어야 한다. 전체적으로 통합된 신체를 만들기 위해서는 단독으로 사용되는 근육운동 즉 피트니스 센터의 기구 운동을 통해서는 힘들다. 만약 기구 운동만으로 가능하다면 골프 프로들은 보디빌더와 같은 몸일 것이고, 보디빌더가 더 골프를 잘 할 수 있을 지도 모른다.

만약 작업 시 혹은 운동 선수가 부상을 당했을 때 어떤 원인에 의한 것인가를 아는 것이 중요하다. 작업으로 혹은 스포츠선수들이 부상으로 갑작스럽게 선수생활이나 일을 더 이상 못하고 퇴직을 하는 경우가 있는데 이는 부상의 근본원인을 치료하기보다 일시적 통증완화 치료를 받고 다시 복귀하는 경우에 종종 발생한다.

많은 골퍼들이 만성 요통이나 어깨, 무릎통증을 갖고 있는데 이는 임시방편의 통증완화에만 치료를 받았기 때문이다. 요통을 호소하여 치료한 대부분의 사람들이 다시 재발하는 이유는 근본적 치료를 받지 않았기 때문이다.

무릎을 3번씩 수술한 사람도 있고 디스크로 인해 수술을 받거나 혹은 만성요통으로 오랫동안 치료를 받았음에도 불구하고 여전히 통증을 호소하는 사람을 주변에서 볼 수 있다. 이러한 부상을 예방하고 치료하면서 강화하는 간단한 방법은 임시방편의 통증완화에만 치료적 목적을 두지 않고 근본원인을 찾아 치료적 재활운동 및 예방 운동을 하는 것이다.

스포츠 손상을 예방하고 더 나은 경기력을 위한 규칙

장기적인 관점에서 본다면 통증완화와 경기력을 높이기 위한 치료적운동은 다음의 몇가지 규칙을 따른다.

1. 운동치료를 포함한 모든 치료는 치료 전에 반드시 근본적 원인을 알아야 한다.
2. 급성기의 처치는 통증완화에 목적을 둔다. 이러한 급성기는 3주를 넘지않는다.
3. 기능적 재활단계의 첫번째 목표는 관절안정화와 근골격계의 밸런스에 있다. 이후 근력을 회복시키며 최종적 목표로 파워를 키우는 것이다.

만약 이러한 규칙을 어길 경우 치료적 운동의 효과를 거둘 수 없다. 때때로 적정수준의 유연성과 안정성을 동시에 키울 수도 있다. 골프에서의 안정성, 근력, 파워는 골프 경기력을 향상시키는 절대적 필요 요소이기 때문이다.

■ 골프 안정성의 과학

안정성이 의미하는 진정한 뜻과 골프에서는 어떻게 적용될까? 안정성에는 정적인 안정성과 동적인 안정성이 있다. 정적 안정성 없이 동적 안정성만을 향상시키고자 하면 설익은 과일을 미리 따는 것과 같다. 작은 보트에서 대포를 쏜다면 그 흔들림에 의해 정확성이 현저히 떨어지는 것과 같이 몸의 안정성이 없다면 러프에서의 기술적 샷이나 칩샷, 아이언, 드라이브 등을 정확하게 할 수 없다. 또한 작은 보트에서 안정성이 유지되었다 하더라도 몸체가 작으면 큰 대포를 싣고 함포사격을 하다보면 배가
파손되어 결국은 정확성을 잃게된다. 그로인해 일치된 퍼팅을 할 수 없다. 골프의 정확성, 최대 비거리를 늘리기 전이라도 근력, 파워를 증가함으로서 정적 또는 자세 안정성을 향상시킬 수 있다.

정적 안정성은 좋은 자세를 유지하는데 있어 구조적으로 중요하다. 안정적 자세는 심리적 상태를 신체로 표현하는 수단이 된다. 골프 컨디셔닝이나 골프재활에서 자세교육과 더불어 자세유지 근육을 발달시키는 이유가 여기에 있다.

5. 자세 정렬, 자세의 흔들림

1). 자세정렬

자세 정렬은 특별한 도구를 이용해 확인할 수 있다. 임상적으로는 자세분석 장치를 이용하기도 하는데 쉽게 확인할 수 있는 방법으로는 천정에 추를 메달아 무게중심을 잡고 선이 그어진 벽을 이용해서 정면, 옆면, 뒷면을 사진을 찍어서도 분석할 수 있다. 옆면을 분석할 때는 메달린 추를 어깨에서 시작해 외측 복숭뼈 1cm 앞에 오게끔 하면서 사진을 찍는다. 시선은 정면으로 하고 팔은 자연스럽게 힘을 빼고 몸 옆에 둔다. 경계표시점과 선을 기준으로 사진을 통해 자세에 대한 많은 정보를 얻을 수 있다.

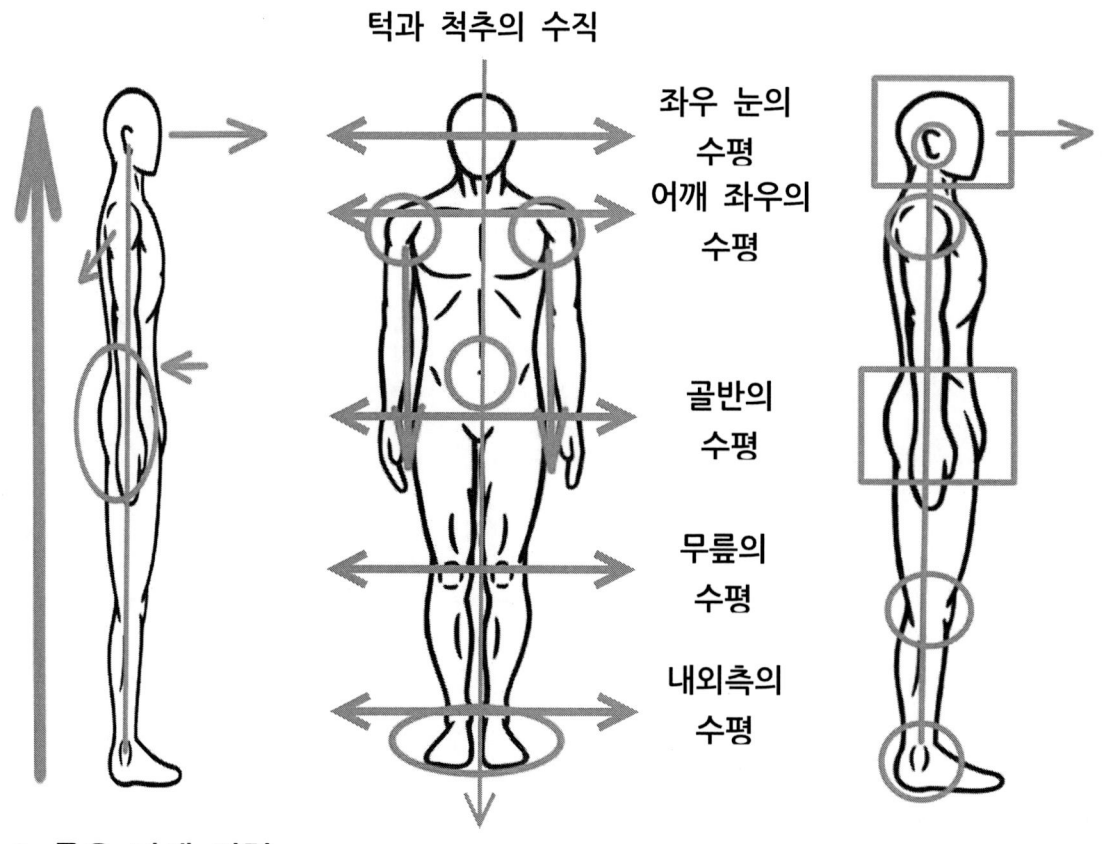

● 좋은 자세 정렬

좋은 자세는 옆으로 내린 추의 선이 귓불을 지나 목, 어깨, 몸통의 중심부와 대퇴골 대전자의 가운데를 지나 무릎을 지난다. 사람마다 자세가 다를 수 있다.

그림에서 보는 예는 등이 굽고 허리가 안으로 들어간 흉추 후만과 요추 전만의 전형적 모습이다. 이 경우 골반이 앞으로 기울어져 있고 목은 앞으로 기울어 거북 목 형태를 보인다. 좋은 자세를 가진 골퍼는 회전 축이 적정하게 유지되지만 그림과 같이 등이 굽은 사람의 경우 회전축이 변형되고 회전 시 과도한 힘이 들어가 비거리나 정확성이 떨어질 수밖에 없다.

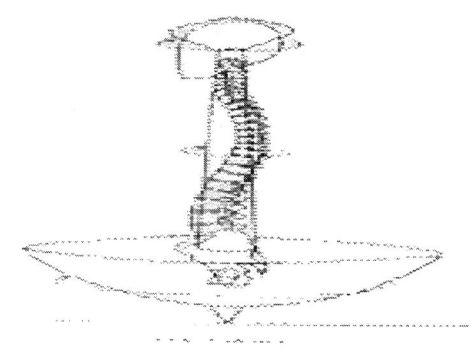
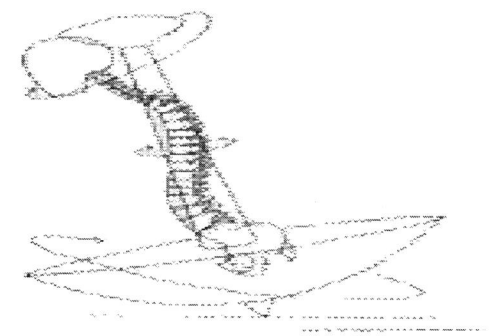

● 자세의 흔들림

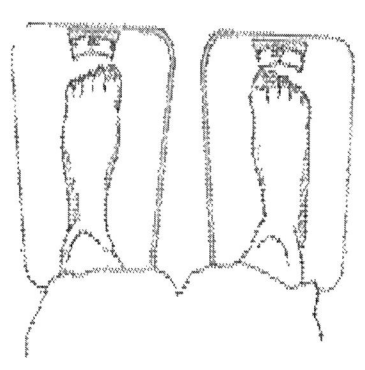

만약 골퍼가 자세정렬이 잘 되어있고 안정성이 좋아졌다면 자세의 흔들림이 줄어든다. 이것은 자세유지 근육과 관절의 정렬이 향상되어 신체가 어떤 자세를 오랫동안 유지하는 능력이 좋아졌기 때문이다. 자세의 흔들림을 검사하기 위한 간단한 방법으로 두개의 저울을 이용하는데 저울에 한발씩 올려놓고 무게 변화의 차이를 확인해보면 된다. 이때 시선을 정면으로 보면서 친구나 다른 사람에게 무게를 기록하게 한다. 0~2.5kg 정도의 무게 차이는 정상이다.

자세 안정성의 향상은 자세의 흔들림을 줄여주어 경기력을 향상시킬 수 있는 조건이 된다. 만약 자세 불안정과 자세 흔들림이 증가한다면 일치된 샷을 보낼 수 없으며 정확성이 떨어진다. 만약 저격수가 어떤 표적을 맞추고자 할 때 자세가 흐트러지거나 흔들린다면 조준하는 총이 흔들리고 결국 표적을 빗나갈 것이다. 자세가 불안정한 골퍼는 어쩌면 바람이 부는 100층 높이의 고층빌딩에서 홀인원을 원하는 것과 같이 무모한 시도를 하는 것과 같다. 타이거 우즈라 하더라도 그런 상태에서는 홀인원을 기대할 수 없다. 만약 바람이 불지 않고 건물이 흔들리지 않는다면 더 정확하게 공을 보낼 수 있을 것이다. 즉 자세의 흔들림이 줄어들면 최적의 클럽 궤도를 유지하는데 더 유리할 수 있는 것은 당연하다. 자세를 유지하는 근력이 좋아지고 안정성이 높아진다면 다리와 몸통의 통합이 잘 수행되어 더 신뢰할 수 있는 회전축을 만들 수 있다. 때때로 프로골퍼 중 처음에는 리더보드에 있다가 게임의 절반 정도 지나면서 급격하게 타수가 늘어나는 경우가 있는데 이는 자세유지 근육이 더 이상 척추의 안정화에 기여를 못하기 때문에 회전 축의 변화로 스윙의 정확성이 떨어지기 때문이다. 따라서 자세유지 근육의 강화와 안정성을 유지하는 능력은 골퍼에게 아주 중요한 요소이다. 만약 자세유지 능력이 좋고 안정성이 향상된다면 골프 기술을 습득하는데도 보다 나을 수 있다는 것을 잊지 말자.

● 정적 안정정 운동

자세의 흔들림을 최소화하고자 할 때 몇 가지 자세유지 근육을 선택하여 역학적 밸런스를 향상시킬 수 있도록 해야 한다. 이때 독립적인 운동에서 통합적인 운동으로 진행한다. 여기서 말하는 근육의 독립이란 근육을 만들기 위한 독립된 근육운동이 아닌 신경계와 근육간 상호 신호전달을 재 정립하기 위한 근육의 독립을 말한다. 이러한 정적 안정성 운동은 동적 안정성 단계의 운동을 하기 전에 수행되어야 한다. 동적 안정성 운동에서는 보다 복합적인 신경근 통합이 요구되기 때문이다. 골프 컨디셔닝 프로그램에서 안정성 운동을 진행하기 전에 모든 운동을 수행할 때 인지적 자세 정렬의 중요성을 이해하여야 한다. 우리 신경계는 컴퓨터와 같아서 잘못된 정보로 프로그래밍 된다면 골프 코스에서 나쁜 결과가 나타나고 만다. 만약 도식적으로 잘 정렬된 도표를 보는 것처럼 관절의 정렬과 자세가 유지된다면 뇌는 그러한 정보를 이용해 신체를 더욱 잘 기능적으로 통합 운용하여 더 좋은 실력을 발휘하게 할 것이다.

정적, 동적 안정성을 향상시키기 위한 운동 프로그램은 독립된 운동에서 통합운동으로 3 단계로 진행된다.

- 1 단계 - 정적 안정성 운동(신경근계 독립운동)
- 2 단계 - 정적 안정성 운동(신경근계 통합운동)
- 3 단계 - 동적 안정성 운동

■ 시니어 골퍼들은 주의!!

시니어 골퍼는 정적 동적 안정화 운동을 하는 동안 특히 유연성에 주의를 기울여야 한다. 이 단계를 진행하는 동안 시니어 골퍼는 골프가 향상된다는 것을 느낄 수도 있다. 이렇게 좋아지는 이유는 자세와 밸런스가 교정되는 결과일 것이다. 밸런스 능력은 나이가 들면서 줄어들기 마련이다. 이는 척추에서의 고유수용신경 능력의 감소 및 근육량의 감소로 인한 복부의 근육과 둔부 근육의 약화와 연관이 있다.

또한 나이가 들면서 관절에는 퇴행성 변화가 진행되며 척추 디스크는 점점 탄력성을 잃어 관절의 움직임 범위가 줄어든다. 결과적으로 골프 비거리가 짧아지는게 일반적이다. 줄어든 관절움직임 범위와 근력의 약화, 기능적 소실등은 골프 샷에서 일관성을 잃게 만드는 원인이 된다. 자세 유지근육이 너무 쉽게 피로해지면 어드레스 조차 유지하기 힘들다. 이것은 결국 스윙 축의 변화로 잘못된 스윙으로 연결된다.

지속적으로 유연성 운동과 정적, 동적 안정성 운동을 진행한다면 노화로 인한 자연적 기능소실을 최소화시킬 수 있다. 많은 보고에서 컨디셔닝 운동의 지속은 밸런스 능력, 유연성, 골프 수행력을 향상시키거나 유지한다고 한다. 이 책에서 제시하는 근력 트레이닝은 시니어 골퍼에게 근육량과 근력을 유지할 수 있도록 도움이 될 수 있을 것이며 나아가 골프 성적을 향상시킬 수 있을 것이다.

6. 신경근 독립운동, 골프 수행력의 기초형성

이 단계에서 진행하는 운동은 오늘날의 환경적 영향으로 약화된 근육을 강화시키고자 하는데 목적이 있다. 이 운동들은 뇌와 자세를 유지하고 안정시키는 근육과의 상호작용 능력을 향상시키고자 한다. 통합적 운동을 진행하기 전에 뇌와 근육의 상호작용이 잘 이루어지도록 하는 것이 중요한데 만약 그러한 훈련 없이 다음 단계로 진행할 때 근육의 불균형성은 더욱 커진다. 여기 제시되는 몇 가지 운동은 요통이나 허리통증을 예방하거나 재활적 목적으로 이용할 수 있을 뿐만 아니라 상해를 예방하거나 골프 능력을 향상시키는데도 도움이 될 것이다.

이 단계의 운동을 진행하는데 앞서 어떤 근육의 긴장이 있다면 충분히 스트레칭시켜 이완하도록 하는 것이 중요하다. 자신의 시간에 맞도록 운동 계획을 잡고 실행하는데 연습이 실재로 적용되는 데는 시간이 소요될 수 있다. 때때로 빠르게 혹은 많은 운동을 하는 것이 좋다고 생각할 수도 있지만 너무 빨리 많이 운동을 하게 되면 제대로 트레이닝이 안될 수 있다는 것을 명심하자.

컨디셔닝 프로그램에서 왕도는 없다. 많은 세계적인 프로골퍼도 꾸준히 자기관리를 통해서만 좋은 성적을 유지하였다. 골프에서 좋은 성적을 얻고자 한다면 골프도 하나의 스포츠로 인식하여 꾸준히 트레이닝을 하고 골프에 적합한 몸의 컨디션을 유지하여야 한다. 아무리 골프 클럽이 좋아도 클럽이 나를 대신할 수는 없는 법이다.

◆ 신경근 독립 운동에 필요한 장비

신경근 독립 운동 프로그램에서 다음과 같은 도구가 필요하다. 직경 약 3cm, 길이 1m 80 정도의 나무 지팡이(마른걸레의 긴 봉을 이용하면 된다), 짐볼, 보수 볼, 토구, 메디신 볼 또는 테니스 공

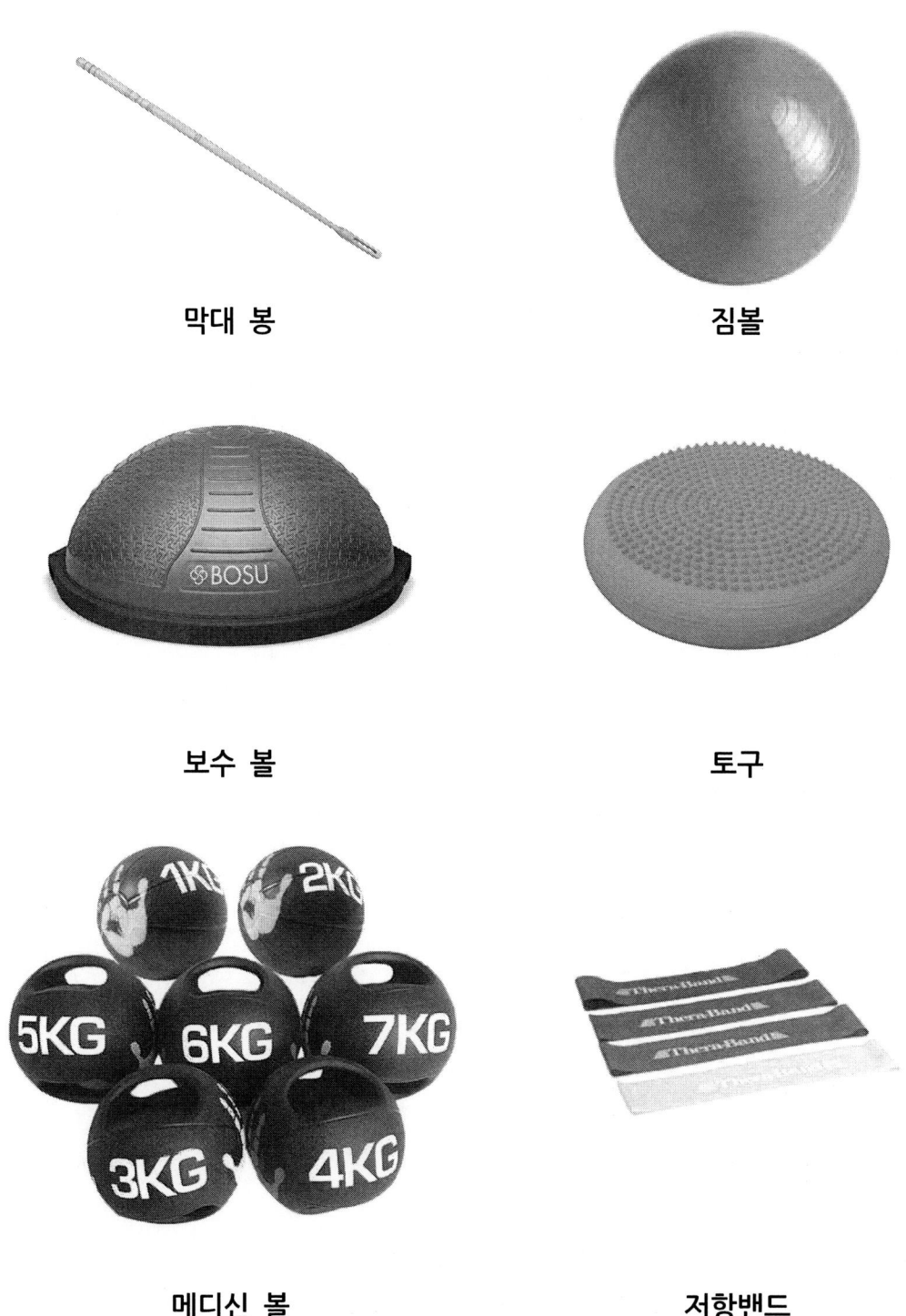

막대 봉　　　　　　　　　　짐볼

보수 볼　　　　　　　　　　토구

메디신 볼　　　　　　　　　저항밴드

■ 컨디셔닝 프로그램 적용방법

운동	휴식	강도	반복회수	운동속도	세트
엎드려 상체세우기	1 분이하	↷	1~8 회	30/15 초	1~2 세트

- **운동**

  운동은 수행해야 하는 운동의 이름이나 방법을 나타낸다. 많은 새로운 이름의 운동이 있을 것이며 그림과 운동방법이 제시될 것이다.

- **휴식**

  운동 후 휴식시간을 말하는 것으로 만약 제시된 시간보다 짧은 시간 내에 충분히 회복되었다고 생각되면 다시 세트를 시작 하거나 다른 운동으로 진행하여도 좋으나 휴식시간이 제시된 시간을 넘지 않도록 한다. 동적 안정성 운동에서 제시되는 화살표는 순환(서키트)를 나타내는 것이다. 즉 다시 처음의 운동을 반복하라는 표시이다. 그럴 경우 표시된 숫자는 순환(서키트)를 끝낸 후 휴식시간을 나타낸 것이다. 어떤 프로그램은 짧은 서킷을 때로는 수퍼서킷을 포함한다.

- **강도**

  저항 운동에서 강도란 얼마나 최대로 들수 있는가에 대한 퍼센트를 말한다. 즉 최대 노력 시 100kg 을 들 수 있다면 60kg 의 무게는 60%의 강도가 되는 것이다. 강도를 나타내는 항목은 얼마만큼 힘들게 노력할 것인가를 말한다. 만약 강도 항목에 내용이 없으면 반복회수가 부하를 대신한다. 때때로 마이너스 표시(-)의 경우 정확한 동작으로 프로그램된 회수까지 운동을 하되 여유강도를 표시한 것이다. 예를 들어, 회수 10 회에 운동강도 -2 인 경우 10 회를 끝마쳤을 때 2 회를 더 할 수 있는 여유가 있어야 한다는 뜻이다.

- **반복회수**

  반복횟수는 운동을 반복하는 수를 말하는 것으로 같은 동작을 8 번에서 12 번의 범위 내에서 수행한다. 이런 경우 8 번 내지 12 번을 잘 수행할 수 있도록 적절히 강도나 부하를 조절한다. 만약 8 번을 수행 할 수 없다면 강도를 낮추어야 하고 12 번을 쉽게 할 수 있다면 강도를 높여야 한다. 이러한 강도 수정은 운동량을 조절하는데 사용된다.

- **운동 속도**

  운동 속도란 운동을 하는 동안의 시간을 의미한다. 즉 얼마나 오랫동안 멈추어 유지하며, 얼마나 쉴 것인가를 말한다. 표에 제시된 30/15 란 엎드려 상체를 들고 30 초

동안 동작을 유지한 채 멈추고 15초간 반대 동작으로 유지하는 시간을 뜻한다. 10/10 이라면 10초 유지 10초간 이완을 말한다. 만약 최대로라고 표시가 되어있다면 가능하다면 근육이 피로를 느껴 더 이상 할 수 없을 때까지 운동자세를 유지하라는 뜻이다.

만약 333이라고 표시가 되었다면 첫 번째 숫자 3은 첫 번째 동작을 3초에 수행하라는 뜻이며 두 번째 3은 첫 번째 동작을 유지하는 시간을 말하며 세 번째 번호 3은 처음 자세로 돌아가는 것을 의미한다. 짐볼에 엎드려 다리를 들어올리는 동작의 예에서 처음 숫자 3은 뒤로 다리를 들어올리는 시간, 두 번째 3은 유지하는 시간 세 번째 3은 처음 동작으로 돌아오는 시간을 의미한다.

이러한 운동속도를 지키기 위해서는 운동을 하는 동안 숫자를 세면서 운동하면 좋다. 예를 들어 운동을 시작하면서 하나, 둘, 셋, 유지하면서 하나, 둘, 셋, 다시 처음 동작으로 내려놓으면서 하나, 둘, 셋을 말한다. 이렇게 함으로써 운동을 하는 목적을 상기시킬 수도 있으며 더 나은 결과를 가질 수 있다.

때때로 천천히/중간/빨리라는 표기가 있는 경우도 있는데 처음 운동을 시작할 때는 천천히 시작하여 익숙하게 되면 중간속도에서 점차 빠르게 진행하라는 뜻이다. 즉, 303 패턴에서 나중에는 202 최종적으로 101의 운동속도로 진행하는데 303은 운동시작 3초 및 처음으로 돌아가는 시간 3초를 의미하고 가운데 0은 멈추지 않는다는 뜻이다.

- **세트**

세트라는 것은 반복회수를 몇 번을 할 것인가를 의미한다. 즉 반복회수를 8~12회 2세트라면 8~12회 운동을 끝낸 후 다시 한번 8~12번을 운동을 하는 것이다. 때로는 1~2세트로 표시가 되었다면 처음 운동을 할 때 1세트로 운동을 끝내고 근육통이 없었다면 다음 운동시에는 2세트로 늘리라는 뜻이다.

◆ 목의 정적 안정화 운동

■ 짐볼을 이용한 목 운동

운동	휴식	강도	반복회수	운동속도	세트
짐볼을 이용한 목 운동	1 분이하	40%이하	1~3 회	30 초	1~3 세트

목은 골프에서 쉽게 간과되는 부위 중 하나다. 목은 머리를 받치고 있는 구조로 눈과 평형성을 담당하는 귀의 움직임을 조절하는 중요한 부위다. 또한 뇌에 들어오는 움직임 정보 즉, 고유수용감각은 목의 경추 신경을 통해 전달된다. 고유수용감각이란 자세, 움직임, 혹은 자세의 변화와 위치정보, 무게감이나 저항 정도를 뇌가 인식하는 능력이다. 이러한 감각은 어떤 운동에서도 중요하지만 특히 골프에서 더욱 중요한 요소이다. 목은 어깨와도 밀접하게 연결되어 있다. 몇몇 근육은 머리, 목, 어깨로 내려간다. 머리와 목, 어깨의 상호작용은 골프에서 필수적인데

백스윙이나, 다운스윙, 임팩트 순간 신체에서 일어나는 강한 회전 움직임을 인식하고 받아들이는 것은 목이 얼마나 잘 조절되어 있는가에 달려있다. 또한 팔로우 스로우 시 날아가는 공의 궤적을 시선이 따라가는데도 목의 빠른 회전운동이 필요하다.

짐볼을 이용한 목 운동은 골퍼에게 목의 기능적 안정성을 강화하는데 도움이 된다. 최대 근력의 40%이하의 낮은 강도의 운동이어야 근육이 효과적으로 관절을 안정화시키는데 바람직하다. 관절의 안정성 운동은 때때로 시간적 유지능력이 중요한데 너무 강한 힘으로 운동을 할 경우 근육이 쉽게 피로해지고 쉽게 손상 받는다.

● 짐볼을 이용한 측굴운동

45cm 정도의 작은 짐볼을 이용한다. 그림은 문틈을 이용한 경우다. 하지만 처음에는 벽을 이용해도 좋다.

짐볼의 맨 아래쪽이 어깨보다 약간 높게 혹은 짐볼 옆쪽 끝이 귀에 닿을 수 있도록 한다. 몸 전체를 이용해 가볍게 짐볼을 누르면서 30 초 정도 유지할 수 있도록 한다. 너무 힘을 주어 목이 옆으로 기울지 않도록 한다. 반대쪽도 30 초간 유지한다. 처음 운동을 할 때는 한 세트만으로 끝내고 다음 운동시 목에 근육통이 없다면 세트를 늘린다. 만약 목의 근육통이 있다면 한 세트만으로 운동을 끝낸다. 목의 근육을 너무 강하게 사용하지 않는 것이 중요하다. 만약 30 초를 쉽게 했는데도 근육의 피로감이 전혀 느껴지지 않는다면 강도를 조금 늘리고 다음단계의 운동을 진행하도록 한다.

● 짐볼을 이용한 목 회전운동

짐볼의 위치는 목 측굴 운동과 같다. 단지 짐볼에 닿는 부위가 귀가 아니라 얼굴 앞쪽 즉, 얼굴이 짐볼 뒤에 위치하여 짐볼을 유지하는 것이다.

얼굴을 돌려 시야가 앞을 볼 수 있도록 향하도록 한다. 30초간 멈춘다. 반대쪽을 수행한다. 이 운동 역시 한번의 세트 후 근육통 여부를 확인하고 세트와 강도를 늘린다. 너무 강하게 압력을 주지 않도록 한다. 목을 굵게 만들려는 운동이 아님을 명심한다. 이 운동을 30초간 유지하여 3세트를 완전하게 수행할 수 있다면 짐볼을 이용한 목 신전운동과 굴곡운동을 진행한다.

● 짐볼을 이용한 목 신전운동

머리 뒤쪽에 짐볼을 둔다. 두 팔을 이용해 몸을 밀어서 짐볼을 누른다. 역시 30초간 누를 수 있는 힘으로 수행한다.

● 짐볼을 이용한 목 굴곡운동

짐볼을 이마에 두고 바른 자세를 유지한다. 턱이 수평으로 유지될 수 있도록 한다. 한 손 또는 두손을 이용해 문지방을 잡고 몸을 짐볼 쪽으로 누른다. 몸이 너무 앞으로 기울거나 뒤로 기울지 않고 바른 자세를 유지하는 것이 중요하다. 30초간 유지한다. 너무 쉽게 30초를 할 수 있다는 것은 미는 힘이 약하다는 것이다. 강도를 높이되 최대운동능력의 40%를 넘지 않도록 주의한다.

◆ 어깨의 신경근 독립 운동

■ 창문 청소 운동

운동	휴식	강도	반복회수	운동속도	세트
창문 청소 운동	왼쪽/오른쪽		12~20 회	천천히	1~3 세트

골프 손상을 받은 사람들의 50% 이상이 팔과 관련된다. 따라서 팔과 어깨가 잘 준비되어있어야 골프 손상을 예방할 수 있다. 어깨 척추 늑골에 연결된 근육들이 적절하게 작용하고 관절에 안정성 있게 유지되어야 팔과 어깨를 부상에서 보호할 수 있다. 만약 어깨 주변부 근육의 약화는 근피로를 쉽게 초래하며 결국 팔과 어깨 근육 손상을 유발한다. 창문 청소 운동은 탄력이 있는 저항밴드가 필요하다. 밴드를 어깨 높이로 올리고 어깨 위로 올린 손을 마치 창문을 닦는 동작처럼 시계방향으로 돌린다. 상체를 흔들거나 기울지 않고 바른 자세를 유지한다. 처음에는 작은 원을 그리고 점차 큰 원을 그리도록 한다. 팔과 어깨가 마치 하나처럼 움직이는 것이 좋다. 12~20 회를 반복하고 시계 반대 방향으로 돌린다. 만약 어깨나 팔의 피로감 없이 20 회를 무난히 수행하였다면 다음 운동시 저항을 더욱 세게 한다. 팔을 옆으로 해서 응용하여 본다.

■ 스캡션(Scpation)

운동	휴식	강도	반복회수	운동속도	세트
스켑션	왼쪽/오른쪽		12~20 회	303	1~3 세트

어깨 회전근육 중 극상근이 약하면 견봉이라는 뼈와 근육의 공간이 좁아져 충돌이 생겨 통증이 유발된다. 극상근은 초기 어깨를 들어올리는 역할을 하는데 이 근육을 강화시키면 어깨관절이 자기 자리에 위치하도록 하여 어깨의 안정성과 어깨관절 내 공간을 확보할 수 있다. 스캡션은 어깻죽지 뼈(견갑골)와 수평을 이루는 운동으로 재활운동에도 많이 이용된다. 양손에 덤벨을  들고 엄지가 위로 향하게 하면서 30 도 옆으로 팔을 벌려 어깨높이까지 들어올린다. 위로 올릴 때 3 초 내릴 때 3 초를 유지하면서 12 회~20 회를 3 세트까지 수행한다.

■ 벽에 공 굴리기(The Ball on the Wall exercise)

운동	휴식	강도	반복회수	운동속도	세트
벽에 공 굴리기	왼쪽/오른쪽	저	각 방향 20 회	1 분	1~3 세트

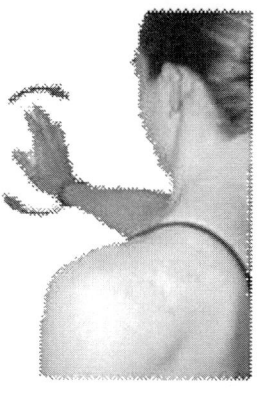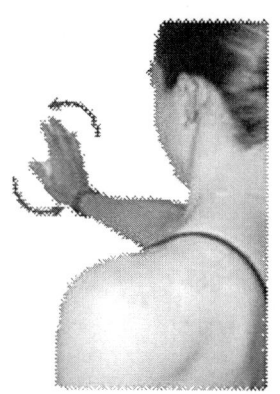

벽에 공 굴리기는 어깨뼈를 안정화 시키면서 어깨 내외회전 근육을 강화시키는 운동이다. 테니스 공이나 미니 볼을 이용한다. 벽에 정면으로 마주서서 한 팔을 뻗어 손 바닥으로 공을 벽에 가볍게 붙인다. 공이 빠져나가지 않을 정도의 힘으로만 반시계방향으로 1 초의 시간 동안 작은 원을 그린다. 15 초 동안 수행하고 시계방향으로 바꾸어 돌리면서 다시 15 초 동안 수행한다. 1 초 1 초의 리듬을 잘 유지하면서 처음에는 2 분 동안 진행하면서 점차 가능한 시간까지 늘려간다. 3 세트까지 수행하고 팔을 바꿔 반대쪽을 수행한다.

◆ 복부의 신경근 독립 운동

■ 무릎 굽혀 엎드려 복부 운동

운동	휴식	강도	반복회수	운동속도	세트
무릎 굽혀 엎드려 복부운동	1 분이하		10 회	10/10	1~3 세트

모든 골퍼에게 있어 복횡근은 아주 필수적이다. 무릎을 굽힌 채 엎드려서 하는 복부 운동은 중심 안정화 운동으로 중요하다. 중심부 안정성은 인체 전체 안정성과 팔과 다리 움직임의 구조적 기초가 된다. 골프 스윙 시 척추에 강한 회전압력이 가해지는데 만약 복횡근이나 복부 안정화 근육의 약화는 척추나 무릎 등 정형외과적 손상을 초래하여 잘못된 스윙이나 경기력에 영향을 끼친다.

그림과 같이 팔과 무릎을 바닥에 대고 손은 앞으로 향하게 한다. 호흡을 들이 마시면서 배를 바닥으로 내리고 호흡을 내 쉬면서 배꼽을 가능한 한 최대로 허리 쪽으로 당긴다. 완전히 호흡을 내 뱉은 후 배꼽이 허리로 향하게 유지한 채 10초간 멈춘다. 10초 이상은 할 필요가 없다. 호흡을 하고 배를 움직이는 동안 허리는 움직이지 않는 것이 중요하다. 10번 반복하고 한 세트를 종료하고 1분 내외에서 휴식을 한다. 만약 3세트를 자세 흐트러짐 없이 잘 수행한다면 컨디셔닝 운동의 다음단계를 준비한다.

■ 컬 업(Curl up)

운동	휴식	강도	반복회수	운동속도	세트
컬 업			10~15 회		1~3 세트

컬 업은 복사근의 도움과 복직근을 사용하면서 복부를 강화시키는 운동이다. 운동하는 동안 허리는 고정되어 바닥에 유지되어있어야 한다. 또한 어깨나 목을 사용하지 않도록 하여야 목의 긴장이나 허리 손상을 막을 수 있다. 바닥에 허리를 붙여서 눕고 무릎을 굽혀 세운다. 발 바닥은 편안하게 앞으로 향하면서 바닥에 둔다.

머리를 굽히지 말고 자연스럽게 들어 마치 턱과 목 사이에 사과를 하나 두고 있는 것처럼 턱을 가슴에 향하도록 한다. 손은 바닥에 두거나 혹은 귀에 가볍게 붙인다. 가능한 시간까지 유지한 후 다시 처음 위치로 돌아온다. 10~15회를 반복하고 3세트까지 수행한다.

■ 상체와 하체 분리

운동	휴식	강도	반복회수	운동속도	세트
상체와 하체 분리	1 분이하		8 회~15 회	101	1~2 세트

그림처럼 손을 가슴에 교차하여 모은다. 상체를 유지하고 힙과 하체만을 이용하여 몸통을 돌린다. 상체를 움직이지 않도록 주의하는데 만약 동작이 힘들다면 골프 클럽이나 막대 봉을 가슴에 놓고 수평으로 유지한다고 생각하면서 힙을 회전한다. 골반을 움직이기 위해 상체를 멀리 움직여야 한다면 스윙 시 파워를 감소시키는 원인이 된다. 또한 스윙 시 지나치게 몸이 주도함으로써 스윙궤도가 바깥쪽에서 안으로(out to in)될 가능성이 높다. 힙이 어깨와 함께 움직인다면 안정성을 잃을 수 있다. 오른쪽과 왼쪽 번갈아가면서 힙 회전을 한다. 8번에서 15회 반복하고 2세트까지 진행한다.

◆ 허리의 신경근 독립 운동

■ 서서 골반 기울기

운동	휴식	강도	반복회수	운동속도	세트
서서 골반 기울기	1분이하		8회~15회	202	1~2세트

그림과 같이 상체를 약 25~30도 앞으로 기울인다. 척추의 각도를 그대로 유지한채 힙을 위로 기울여 벨트의 고리가 지면과 평행을 이루게 한다. 이후 벨트의 기울기가 최대한 수직이 되도록 힙을 기울인다. 힙을 앞으로 기울이는데 힘들다면 컨트롤이 제한되어 있음을 의미한다. 허리가 약하면 라운드가 끝날 때쯤 스윙도중 상체를 세울 가능성이 높아지며 파워가 떨어질 수 있다. 이는 지면에서부터 상체까지 클럽에 힘을 전달하기 위해 힙이 아주 중요한 역할을 하기 때문이다.

■ 엎드려 상체 세우기

운동	휴식	강도	반복회수	운동속도	세트
엎드려 상체세우기	1분이하		1~8회	30/15초	1~2세트

엎드려 상체세우기 운동은 자세유지 근육을 컨디셔닝 시키면서 최적의 자세 정렬 회복을 위한 운동이다. 매트에 엎드려 얼굴은 바닥 쪽으로 보고 팔을 양쪽 옆으로 둔다. 몸통을 들어올리면서 양쪽 견갑골이 가까워 지도록 등을 모은다. 양쪽 팔은 바깥쪽으로 회전을 하여 엄지손가락이 하늘을 보도록 한다. 머리, 목, 어깨가 일직선을 이루고 손바닥이 몸 바깥쪽으로 향하며 발 앞쪽 끝이 가볍게 바닥을 대거나 약간 바닥에서 뜨도록 하는 것이 올바른 자세다.

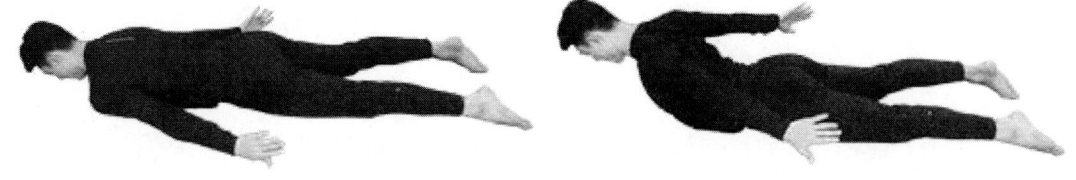

머리가 뒤로 젖혀지면 안 된다. 만약 목이 뒤로 젖혀진다면 목 근육(특히 경추 뒤쪽 근육)이 짧아지고 결국은 나쁜 자세를 초래하게 된다. 만약 근육 피로를 넘어서는 허리 근육이 불편하다고 느낀다면 둔부 운동을 먼저 하는게 좋다. 둔부운동은 허리 만곡을 완화시켜 척추기립근을 더 잘 사용하게 할 것이다. 때론 이 운동을 하기 전 척추기립근 스트레칭을 하는 것도 도움이 된다. 표에서 나오듯이 운동속도는 30/15 초다. 즉 상체를 세워서 30 초간 멈추고 15 초간 이완하는 것이다. 반복회수는 8 회까지이며 처음엔 1 세트만 하고 적응이 된 후 2 세트까지 진행한다. 첫 번째 운동을 끝낸 후 불편감이 없어야 다음 운동시 2 세트까지 진행한다. 첫 번째 운동 후 근육의 불편함이 없다면 2 세트로 운동을 하는데 1 세트 운동 후 휴식 시간은 1 분을 넘지 않도록 한다.

■ 엎드려 폼롤러 등 위에 올리기

운동	휴식	강도	반복회수	운동속도	세트
엎드려 나무 막대봉 등 위에 올리기	1 분이하	10 회	10/10 초	1~3 세트	1~3 세트

엎드려 폼롤러를 등위에 올리는 동작은 많은 자세 안정화 근육을 향상시키기 좋은 운동이다.

엎드릴 때 손은 어깨 위치에 두고 무릎은 골반 위치에 둔다. 팔꿈치는 뒤로 향하게 하고 손가락 방향은 앞으로 한다. 폼롤러는 요추 부분에 수평이어야 한다. 허리 벨트와 배가 살짝 공간이 생길 수 있도록 배꼽을 등쪽으로 당긴다. 자세가 정확하게 정렬이 되도록 도움을

받는 것이 좋으나 만약 도움을 받을 수 없을 경우 거울을 정면에 두고 고개를 들지 말고 힐끔 눈으로만 자세를 확인한다. 엎드려 폼롤러를 등 위에 올리는 운동의 시작은 아주 가볍게 손을 바닥에서 위로 드는 것이다. 이때 높이는 1cm 정도면 된다. 이어서 반대쪽 무릎을 1cm 높이로 들어올린다. 폼롤러가 흔들리지 않고 계속 제자리에 있도록 하고 유지시간은 10 초이다. 10 초가 지나면 반대쪽 손과 무릎을 10 초간 들어올린다. 목표로 하는 회수는 각각 10 초를 유지하는 것으로 10 회며 완전하게 3 세트를 수행할 수 있다면 팔과 다리를 수평 높이까지 들어올리는 운동을 시작한다.

◆ 폼롤러 등에 올리고 팔, 다리 수평 유지하기

이 운동은 폼롤러를 허리에 올리는 운동과 같은 방식으로 시작하지만 보다 어려운 운동이다. 한쪽 팔을 45 도 옆으로 하고 수평 높이까지 올려서 균형을 유지한다. 반대쪽 다리를 뒤로 뻗어 수평 높이까지 올린다. 이때 골반이 앞으로 기울지 않도록 주의해야

한다. 그렇지 않으며 막대 봉이 기울어진다. 이 자세를 10 초간 유지한 후 반대쪽을

수행한다. 만약 도움을 받지 못한다면 거울을 보고 운동을 하지만 정확한 자세가 중요하다. 정확한 자세로 가능한 회수만큼 운동을 해야지 정확하지 않은 자세로 운동 회수만 늘린다고 좋은 결과를 얻을 수 없다. 많은 골퍼들에 있어 세밀함이 떨어지는 이유가 작은 것을 간과하기 때문이다. 이 운동이 상당히 힘들다고 느끼는 사람들이 많을지도 모른다. 하지만 프로선수들도 이 운동을 지속적으로 하고 있을 정도로 결코 쉬운 운동이 아니다. 처음부터 잘 하는 사람은 없다. 안정화 근육의 약화는 정형외과적 손상과 경기력의 약화를 유발하는 공통요소이다. 따라서 천천히 그리고 완벽하게 이런 운동을 수행한 다음 다음 단계로 진행하도록 한다.

■ 짐볼에서 상체 세우기(Gymball Hyperextension)

운동	휴식	강도	반복회수	운동속도	세트
짐볼에서 상체 세우기	1 분이하		8~12 회	333	1~3 세트

짐볼에서 상체를 세우는 운동은 독립된 허리근육, 대둔근, 슬굴곡근(hamstring)을 사용하기 위한 운동이다. 헬스클럽의 기구운동은 독립된 기구를 통해서만 각각의 근육을 사용할 수 있지만 짐볼 에서 상체를 세우는 운동은 세 근육을 효과적으로 통합하여 트레이닝 되도록 한다. 이러한 근육군이 허리 주변부에서는 안정화에 기여하기 때문에 어드레스와 스윙, 드라이브 시 특히 중요하다. 짐볼 운동을 시작하기 전 발을 지지하거나 고정할 수 있는 것이 필요하다. 만약 도움을 주는 사람이 있다면 발목을 잡아주면 된다. 처음 시작하는 사람이나 허리근육이 약한 사람은 복부와 허벅지 1/3 지점에 짐볼을 두고 시작한다. 점차 근력이 증가하면 짐볼을 무릎 쪽으로 이동시킨다.
처음에는 팔을 몸 옆에 붙여 프로그램된 반복회수와 3 세트를 무난히 수행하였다면 그림과 같이 팔을 가슴에 붙여서 수행한다. 그리고 점차 팔을 귀에 붙이고 운동을 한다. 무게가 있는 바벨원판 등을 들고 상체를 들면 더욱 강도가 높아진다. 짐볼에서 상체를 바닥으로 혹은 슬굴곡근(hamstring)이 펴질 때까지 앞으로 숙이며 다시 상체를 들어올리는데 이때 주의할 점은 과도하게 허리를 펴지 않도록 해야 한다.

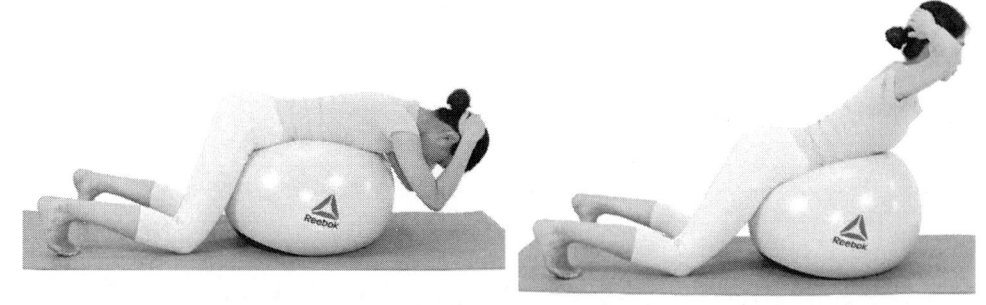

상체를 바닥에서 들어올렸을 때 운동속도를 잘 유지해야 한다. 즉 333 이란 운동 속도는 바닥에서 상체를 세우는데 까지 3 초, 허리를 세운 상태에서 3 초간 유지 다시 바닥으로 내려가는데 까지 3 초를 말한다. 상체를 세웠을 때 머리, 어깨, 골반의 선이 일직선으로 유지하여야 한다. 만약 일직선이 안되고 구부정한 자세를 유지하거나 너무 상체를 들어올려 허리가 너무 많이 젖혀질 경우도 바람직하지 않다. 손을 귀에 붙이고 333 운동속도로 8~12 번을 3 세트 잘 수행하였다면 그림과 같이 무릎을 굽혀서 상체 세우기를 해본다.

무릎을 굽혀 짐볼에서 상체 세우는 동작은 더욱 수직적으로 상체를 들어올리는 운동이다. 이 운동은 슬굴곡근(hamstring)이 더 많이 사용된다. 이 동작을 수행하기 위해서는 가급적이면 짐볼에서 상체세우는 운동을 먼저 하여 근육에 무리가 가지 않도록 한다. 만약 이 운동을 하는 동안 슬굴곡근에 무리가 있거나 허리에 너무 많은 긴장이 있는 경우에는 짐볼에서 상체세우는 운동을 충분히 더 진행하는 게 좋다.

◆ 하체의 신경근 독립운동
■ 의자 앉아 일어나기(Sit to stand)

운동	휴식	강도	반복회수	운동속도	세트
의자 앉아 일어나기	1 분이하		8~12 회	333	1~3 세트

의자 앉아 일어나기는 허리근육, 대퇴근육, 대둔근, 슬굴곡근(hamstring)을 사용하기 위한 운동이다. 의자 약간 앞쪽에 앉고 허리는 똑바로 선다. 발은 바닥에 평행하게 앞을 향하도록 한다. 천천히 다리힘을 이용해 상체를 세우고 다시 천천히 제자리에 앉는다. 이때 주의해야 할 점은 시선은 항상 정면이어야 하며 의자에 앉을 때 주저앉지 않고 최대한 힘을 유지해야 한다. 무릎은 발가락 보다 앞쪽으로 나오지 않도록 주의한다. 처음에는 두 팔을 앞을

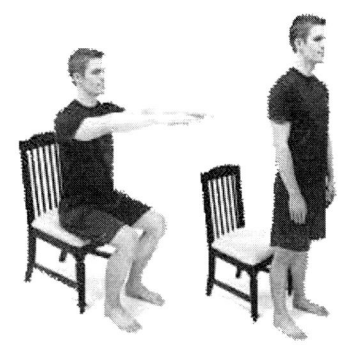

향하도록 하면서 점차 가슴에 붙이거나 혹은 몸 옆에 두고 수행한다. 처음에는 다소 힘들 수 있으며 운동 속도를 3 초 동안 일어나고 3 초 유지 다시 3 초동안 천천히 제자리에 앉는다. 8~12 회를 1~3 세트를 한다.

■ 한발로 의자 앉아 일어나기(One Leg Balance Sit to stand)

만약 두 발로 일어나는 것이 쉽게 느껴진다면 목표를 한 다리를 들고 의자에서 일어나도록 한다. 두발로 지지하면서 일어나는 것과 한 다리만을 이용하는 것은 상당한 차이가 있다. 처음에는 바닥에서 10cm 정도만 들어서 운동을 하고 점진적 더 높게 들어올려 수행한다. 천천히 밸런스를 유지하고 다시 처음의 위치로 돌아온다. 처음에는 두 손을 앞으로 향하고 점차 가슴에 붙이거나 몸 옆에 붙이도록

하는데 이렇게 무게 중심의 이동 만으로 강도를 조절할 수 있다. 8~12 회 한 세트가 끝나면 다리를 바꾸어서 한다. 처음엔 1 세트 운동만으로 종료하고 다음날 근육통이 없다면 3 세트까지 진행한다. 최종적으로는 눈을 감아서도 해 본다.

■ 토구를 이용한 밸런스 운동

운동	휴식	강도	반복회수	운동속도	세트
토구를 이용한 밸런스 운동	오른쪽/왼쪽	1 분			1~3 세트

토구는 고유수용 운동신경 근육을 강화시키는 도구로 밸런스 향상에 좋은 운동이다. 많은 골퍼들이 밸런스 향상을 위해 이러한 공기가 들어있는 고무 쿠션을 이용한다. 안정성을 유지하기 위해 발목주변의 근육과 하체 전체의 미세한 근육조절로 자세를 유지하는 근육의 트레이닝이 가능하다. 호흡을 들이마시고 배를 허리쪽으로 당겨(복횡근수축) 한 다리로 바로 선 자세를 유지한다. 천천히 엉덩이를 뒤로 빼며 무릎을 구부린다. 무릎이 과도하게 굽혀지지 않도록 해야 하며 등을 굽히지 않고 상체를 똑바로 세우도록 한다. 처음에는 20 초를 유지하고 3 세트를 한다. 만약 운동 후 유발되는 근육통이 없다면 점차 30 초~1 분까지 수행한다.

■ 보수 볼에서 한발들고 밸런스 운동

운동	휴식	강도	반복회수	운동속도	세트
보수 볼에서 한발들고 밸런스 운동	오른쪽/왼쪽				1~3 세트

보수 볼은 짐볼의 한 부분이 수평으로 되어있는 밸런스 운동 도구로서 보수 볼에서 한발 들고 밸런스를 유지하는 운동은 신경과 특정 근육의 상호작용이 잘 이루어지도록 한다. 이러한 신경근계 운동을 통해 더 잘 골프를 할 수 있도록 한다. 한발로 보수 볼에 선채 다른 한발은 옆으로 올린다. 고관절의 유연성이 떨어지거나 밸런스를 잡기 어려운 사람은 처음에는 작은 범위에서 다리를 올리고 익숙해지면 최대한 옆으로 올려서 수행한다. 처음에는 20 초 정도 유지하면서 점차 1 분까지 시간을 늘려간다. 각각의 다리로 3 세트까지 한다.

선택 프로그램 1

✓ 운동단계: 정적 안정성 운동 - 신경근계 독립운동
✓ 목표: 뇌와 근육간의 상호작용의 증가
✓ 운동 빈도: 주 6일 프로그램

■ 정적 안정성 운동 신경근계 독립운동

운동	휴식	강도	반복회수	운동속도	세트
스트레치 & 준비운동					
월요일, 수요일, 금요일					
짐볼 목 운동	1 분	40% 이하	1~3 회	303	1~3 세트
스캡션	오른쪽/왼쪽		12~20 회		1~3 세트
엎드려 상체세우기	1 분 이하		1~8 회	30/15 초	1~2 세트
엎드려 나무 막대봉 등에 올리기	1 분		10 회	10/10 초	1~3 세트
상체와 하체 분리운동	1 분		8~15 회		1~2 세트
의자 앉아 일어나기	1 분		8~12 회	333	1~3 세트
보수 볼에서 한발들고 밸런스 운동	오른쪽/왼쪽				1~3 세트
화요일, 목요일, 토요일					
창문 청소 운동	오른쪽/왼쪽		12~20	천천히	1~3 세트
벽에 공 굴리기	오른쪽/왼쪽			101	
엎드려 복횡근운동	1 분		10	10/10	1~3 세트
짐볼에서 상체세우기	1 분		8~12	333	1~3 세트
컬 업	1 분				1~3 세트
서서 골반 기울기	1 분		8~15 회	202	1~2 세트
토구를 이용한 밸런스 운동	오른쪽/왼쪽	1 분			1~3 세트

짐볼 목 운동은 40% 이하의 강도로 하며 목 근육이 피로감을 느낄 경우 자세를 바꾼다. 근력이 증가하였다면 1~3 번 반복한다.

선택 프로그램 2

- ✓ 운동단계: 정적 안정성 운동- 신경근계 독립운동
- ✓ 목표: 뇌와 근육간의 상호작용의 증가
- ✓ 운동빈도: 주 4 일 운동

운동	휴식	강도	반복회수	운동속도	세트
스트레치 & 준비운동					
운동 1 일, 운동 3 일(월요일, 금요일)					
짐볼 목 운동	1 분	40%이하	1~3 회	303	1~3 세트
스캡션	오른쪽/왼쪽		12~20 회		1~3 세트
엎드려 상체세우기	1 분 이하		1~8 회	30/15 초	1~2 세트
엎드려 나무 막대봉 등에 올리기	1 분		10 회	10/10 초	1~3 세트
의자 앉아 일어나기	1 분		8~12 회	333	1~3 세트
보수 볼에서 한발들고 밸런스 운동	오른쪽/왼쪽				1~3 세트
운동 2 일, 운동 4 일(수요일, 일요일)					
창문 청소 운동	오른쪽/왼쪽		12~20	천천히	1~3 세트
벽에 공 굴리기	오른쪽/왼쪽			101	
엎드려 복횡근운동	1 분		10	10/10	1~3 세트
짐볼에서 상체세우기	1 분		8~12	333	1~3 세트
컬 업	1 분				1~3 세트
토구를 이용한 밸런스 운동	오른쪽/왼쪽	1 분			1~3 세트

선택 프로그램 3

- ✓ 운동단계: 정적 안정성 운동- 신경근계 독립운동
- ✓ 목표: 뇌와 근육간의 상호작용의 증가
- ✓ 운동 빈도: 주 2 일

운동	휴식	강도	반복회수	운동속도	세트
스트레치 & 준비운동					
운동 1 일					
짐볼 목 운동	1 분	40%이하	1~3 회	303	1~3 세트
스캡션	오른쪽/왼쪽		12~20 회		1~3 세트
엎드려 상체세우기	1 분 이하		1~8 회	30/15 초	1~2 세트
엎드려 나무 막대봉 등에 올리기	1 분		10 회	10/10 초	1~3 세트
의자 앉아 일어나기	1 분		8~12 회	333	1~3 세트
보수 볼에서 한발들고 밸런스 운동	오른쪽/왼쪽				1~3 세트
운동 2 일					
창문 청소 운동	오른쪽/왼쪽		12~20	천천히	1~3 세트
벽에 공 굴리기	오른쪽/왼쪽			101	
엎드려 복횡근운동	1 분		10	10/10	1~3 세트
짐볼에서 상체세우기	1 분		8~12	333	1~3 세트
컬 업	1 분				1~3 세트
토구를 이용한 밸런스 운동	오른쪽/왼쪽	1 분			1~3 세트

7. 신경근 통합 운동

신경근 통합 운동은 신경근 독립 운동과 비슷하지만 더 복잡하다. 신경근 통합운동은 손가락 저항 운동과 막대 봉 끌어올리기를 제외하고 안정성 운동을 하는데 더 많은 근육이 사용된다. 이러한 운동은 신경근 독립운동과 동적 안정화 운동의 중간 역할을 한다. 2 가지 옵션 프로그램 중 자신의 스케줄에 맞는 운동을 선택하여 수행하면 된다. 2 단계 운동에서는 운동설명을 더욱 더 면밀히 확인하여 수행하여야 한다. 만약 정확한 자세로 수행하지 않을 경우 골프에서 더 좋은 성적을 거둘 수 없다.

■ 2 단계에서 요구되는 도구

1 단계에서와 같이 1m 80cm 정도의 막대 봉, 자신에 근력 수준에 맞는 2.5kg~25kg 까지의 덤벨 두개, 파워 웹(고무줄 저항의 그물망), 콘, 보수 볼 등

막대 봉   짐볼

보수 볼   콘

메디신 볼   덤벨

◆ 상체의 신경근 통합운동
■ 상체 앞으로 기울여 덤벨 들어올리기

운동	휴식	강도	반복회수	운동속도	세트
상체 앞으로 기울여 덤벨 들어올리기	1 분	-2 회	8~12 회	203	1~3 세트

상체 앞으로 기울여 덤벨 들어올리기는 자세유지 근육인 등, 둔부, 슬굴곡근과 어깨 주변부 근육의 지구력을 향상시키는 운동이다. 이렇게 동작을 취하면 허리가 45~60도 정도 기울어지며 골프 어드레스 보다 약간 더 앞으로 기울어진 형태가 된다. 이때 얼굴과 목, 허리, 엉덩이는 일직선이어야 하는데 보조자를 통해 막대 봉으로 확인할 수 있다.

덤벨을 잡고 마치 꼭두각시가 실에 매달린 것같이 팔꿈치를 들어올린다. 덤벨을 쥐는 손은 덤벨이 떨어지지 않을 정도의 힘으로 잡고 마치 어깨가 팔을 사용에 무게를 들어올리는 것처럼 팔을 올린다. 팔을 올릴 때 팔꿈치를 허리 쪽으로 끌어당기는 것이 아니라 수직으로 들어올려져야 한다. 만약 팔꿈치가 골반 쪽으로 당겨지는 방법으로 운동을 한다면 목적으로 하는, 자세를 유지하면서 어깨 안정화 근육을 강화시킬 수가 없다. 어깨를 들썩거리거나 으쓱 올라가지 않도록 한다. 덤벨의 무게는 12번을 반복한 후에도 두 번 정도 더 반복 할 수 있다고 생각된다면 적정한 무게다.

■ 플랭크 자세로 콘 터치(Plank Position with Cone Touches)

운동	휴식	강도	반복회수	운동속도	세트
플랭크 자세로 콘 터치	1 분		4~10 회	111	1~3 세트

두개의 콘을 어깨보다 약간 넓게 바닥에 둔다. 팔은 어깨 높이에 수직으로 두고 발은 골반 넓이보다 좁게 푸시 업 자세를 취하고 손과 발끝으로 균형을 유지한다. 오른 손을 뻗어 오른쪽 콘을 터치하고 1초간 멈춘다. 그리고 오른쪽 손으로 왼쪽 콘을 터치한다. 처음 위치로 돌아와서 왼쪽 손으로 반복한다. 각각 4~10회 반복하여 3세트까지 수행한다.

◆ 몸통의 신경근 통합운동

■ 짐볼에 누워 허리 들기

운동	휴식	강도	반복회수	운동속도	세트
짐볼에 누워 허리들기	1분		8~12	333	1~3

짐볼에서 허리를 드는 운동은 다음과 같은 효과를 거둘 수 있다.
- 복부 안정화 근육의 컨디셔닝
- 슬굴곡근(hamstring), 둔부근육, 허리근육의 종합적 이용
- 균형(밸런스)능력의 향상, 협응력의 향상, 자세유지 능력의 향상

그림과 같이 짐볼에 다리를 올리고 등은 바닥에 둔다. 처음엔 짐볼에 발을 넓게 하여 균형을 잡으나 점차 발을 좁게 한다.

손바닥은 하늘로 향하게 하며 팔은 바닥 옆에 둔다. 만약 균형을 잡는데 어려움을 느낀다면 팔은 어깨 높이까지 90도 수평으로 하고 종아리를 짐볼에 두면 보다 쉽게 할 수 있다. 동작은 3초동안 발목, 골반, 어깨가 일치되도록 골반을 들어올린다. 3초간 유지하고 다시 3초간 처음동작으로 돌아온다. 만약 동작이 익숙해지고 쉽게 느낀다면 팔은 점점 몸쪽으로 붙이며 종아리에서 점점 발끝으로 짐볼 위치를 옮긴다. 팔을 완전히 몸통에 붙이거나 더 나아가 가슴에 모으고 발끝으로만 이 운동을 진행한다면 운동의 강도 훨씬 높을 것이다.

■ 짐볼 앞으로 굴리기

운동	휴식	강도	반복회수	운동속도	세트
짐볼 앞으로 굴리기	1분		8~12	333	1~3

짐볼 앞으로 굴리는 운동은 복부, 고관절 굴곡근육, 어깨 신전근육을 강하게 하는 운동이다. 이 운동은 골퍼의 고관절, 척추를 안정화시키는 능력을 향상시키며 안정화의 주요 근육군이 통합되어 사용되도록 한다.

이 운동은 골프 클럽의 스윙과 드라이브에 아주 중요한 근육을 강화시키므로 비거리를 늘리고자 하는 골퍼에게 매우 중요하다.

매트나 바닥, 때로는 잔디바닥에서 무릎을 바닥에 대고 짐볼을 앞에 둔다. 팔을 앞으로 뻗어 모아서 짐볼 위에 놓는다. 막대 봉을 척추에 올리고 짐볼을 앞으로 밀어낸다. 짐볼을 앞으로 밀어내는 동안 척추의 정렬이 바른 자세를 유지하여야 한다. 호흡을 깊게 들이마신 다음 배를 등쪽으로 당긴다. 짐볼을 앞으로 미는데 있어 어깨와 고관절이 일치된 선이어야 한다. 만약 짐볼을 앞으로 미는데 있어 척추정렬이 흐트러지는 느낌이 든다면 그 범위까지에서 운동을 멈춘다. 척추정렬이 흐트려지는 점에서 운동을 멈추고 다시 처음 위치로 돌아와야 한다. 만약 척추정렬이 흐트러지는 것을 느끼는데도 불구하고 그 지점을 지나쳐 계속 운동 범위를 늘려나간다면 골프를 하는데 있어 근육의 밸런스 능력이 잘못된 채로 남아있거나 오히려 그러한 근육 불균형을 더 확대할 수 있다. 운동 끝 부분을 결정하였다면 3초간 짐볼을 앞으로 밀고 3초간 유지한 후 다시 3초간 처음 위치로 돌아오도록 한다. 이렇게 함으로써 움직임에 필요한 큰 근육군과 복부 안정화 근육을 동시에 강화시킬 수 있다.

■ 막대 봉 등에 올리고 O, △, ▽, □ 그리기

운동	휴식	강도	반복회수	운동속도	세트
막대 봉 등에 올리고 O, △, ▽, □ 그리기	1분		최대	천천히	1~3

이 운동은 막대 봉을 등에 올리고 수평을 유지하는 운동을 응용하였다. 하지만 더 어렵고 강도가 높다. 막대 봉을 등에 올리고 수평을 유지한 다음 다리로 O, △, ▽, □를 그리는데 종아리만 움직이지 말고 다리 전체를 움직여 그리도록 한다. 배는 허리에 당겨지도록 하며

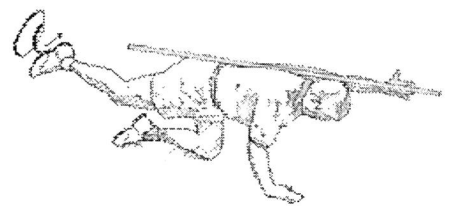

머리는 숙이지도 들려서도 안 된다. 반대쪽을 수행 하기 전 가능한 많이 반복한 후 다른 쪽을 수행한다. 양쪽 모두에서 정확하게 O, △, ▽, □ 그리는데 무리가 없다면 손목에는 0.5kg 발목에는 1.5kg 정도의 모래주머니를 더해서 수행한다.

■ 짐볼 옆으로 기대기

운동	휴식	강도	반복회수	운동속도	세트
짐볼 옆으로 기대기	오른쪽/왼쪽		1~2회	최대	1~3

짐볼 옆으로 기대기는 옆구리 근육(복사근)의 근력과 근지구력을 강화시키는 운동이다. 한쪽으로 골프 클럽 가방을 너무 오랫동안 매고 있을 때 한쪽 옆구리가 저리거나 피로감을 느끼는 경험을 해본 적이 있을 것이다. 복사근과 요방형근은 옆구리 피로감을 일으키는 근육군으로 고관절과 둔부근육, 서혜부 근육과 상호작용하여 정적인 안정성을 유지하는 중요한 근육이다. 이 근육군들이 잘 협응이 되어야 걸을 때 다리를 끌지 않으며, 골프 클럽 스윙 시 파워을 만들어주는 보조적 역할을 하게 된다. 따라서 짐볼 옆으로 기대기

운동은 이러한 근육군들을 강화시켜 줄 뿐만 아니라 골프클럽을 옆으로 매고 다닐 때도 피로감을 덜 느끼게 한다.

　운동을 하기 위해서는 만약 도움을 주는 보조자가 없다면 다리를 고정할 수 있는 곳을 찾아야 한다. 그림은 벽을 이용해서 동작을 수행하는 모습이다.

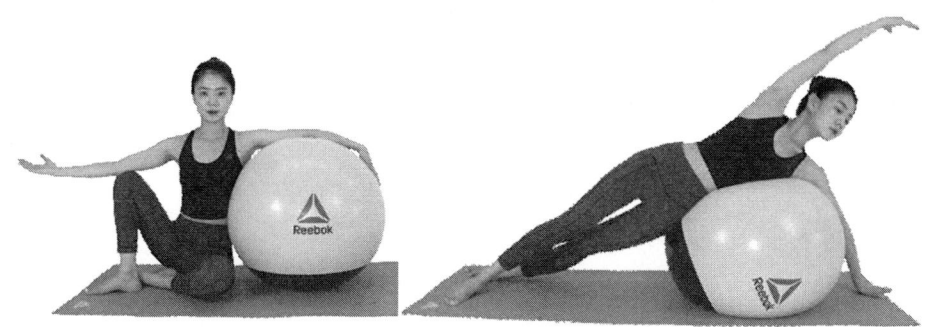

　처음 시작할 때 짐볼의 윗부분 끝에 허리 선이 오도록 기댄다. 처음에는 팔을 몸에 붙이고 상체를 일직선이 되도록 세운다. 만약 이 자세로 3분을 무난하게 수행할 수 있다면 팔을 가슴에 붙이거나 귀 혹은 머리 위에 두는 식으로 강도를 높이면서 수행한다. 어깨와 팔의 무게는 체중의 15%를 차지한다. 따라서 팔을 가슴에 두거나 팔을 머리위로 두는 것 만으로 강도를 높이는 수단이 된다. 자신이 강하다고 생각하더라도 처음에는 팔을 옆에 붙이고 수행하도록 한다. 좋은 자세는 바닥에서 45도 정도 기울어 진 채 안정감 있게 유지하는 것이다. 처음에는 한쪽에 한 세트로 시작하여 점차 2세트까지 진행한다.

■ 사이드 플랭크

운동	휴식	강도	반복회수	운동속도	세트
사이드 플랭크	1분		3~5회	천천히/중간	1~3세트

　복부와 허리 근육뿐만 아니라 측면 옆구리 근육을 제어하는 운동으로 사이드 플랭크가 있다. 이 운동은 몸통의 근육을 안정화시키면서 고관절과 외측부 근육을 사용하는 다소 힘든 몸통 안정화 운동이다. 그림과 같이 옆으로 누워 팔꿈치를 어깨 높이에서 90도 굽혀 팔꿈치 바깥쪽이 바닥에 닿게 두고 체중을 지지한다. 처음 하는 사람은 체중을 들고 유지만 하고 익숙해지면 체중을 유지하고 호흡을 내쉬면서 위쪽 다리를 앞으로 들어서 내밀고 다시 처음자세로 돌아오는 동작을 해본다. 다리를 움직일 때 골반이 흔들리지 않도록 주의해야 한다. 한 세트가 끝나면 반대쪽을 수행한다. 운동 후 유발되는 근육통이 없다면 다음 운동 시에는 2세트~3세트까지 수행한다.

◆ 하체의 신경근 통합운동

■ 한발 스쿼트(one leg squat)

운동	휴식	강도	반복회수	운동속도	세트
한발 스쿼트	1 분이하		8~10 회	천천히/중간	1~3

한발 스쿼트는 고관절 외전근과 외회전근을 강화시켜 고관절의 안정성을 유지하는 운동이다. 오른쪽 발을 바닥에 두고 왼쪽 발을 단지 몇십 cm 정도만 들고 천천히 엉덩이를 바닥으로 향하도록 체중을 내린다. 체중을 뒤꿈치로 실으면서 밸런스를 유지한다. 처음엔 드는 다리를 몸 뒤쪽에 두고 익숙해지고 쉽다고 생각하면 드는 다리를 앞으로 뻗어서 수행한다. 앉을 때 지지하는 다리는 무릎을 굽힐 때 무릎이 발 앞쪽으로 나가지 않도록 주의해야한다. 한쪽을 8~10 회를 끝내고 반대쪽을 수행한다. 1 세트 만으로 운동을 종료한 후 다음날 근육통이 없는지를 확인하고 3 세트까지 수행한다.

■ 짐볼 레그 컬(Stability Ball Leg Curl)

운동	휴식	강도	반복회수	운동속도	세트
짐볼 레그 컬	오른쪽/왼쪽		8~12 회	천천히/중간	1~3

짐볼 레그컬은 둔부근육과 햄스트링을 사용하게 함으로써 밸런스와 골반안정성을 유지하며 심부 깊숙한 복부근육을 강화시킨다. 짐볼의 꼭대기에 발 뒤꿈치를 두고 등을 바닥에 붙여 눕는다. 골반을 들어 뒤꿈치와, 골반, 어깨높이와 수평을 이루도록 한다. 뒤꿈치를 이용하여 공을 굴려 엉덩이를 닿게하고 잠깐 멈추었다가 다시 처음위치로 돌아간다. 골반이 좌우로 움직이지 않도록 집중해야 하며 8~12 번 반복하고 1 세트에서 점차 3 세트까지 수행한다. 만약 더욱 도전적이며 강한 운동을 하고자 한다면 한발을 이용해 8~10 번을 수행하고 발을 바꾸어서 진행한다.

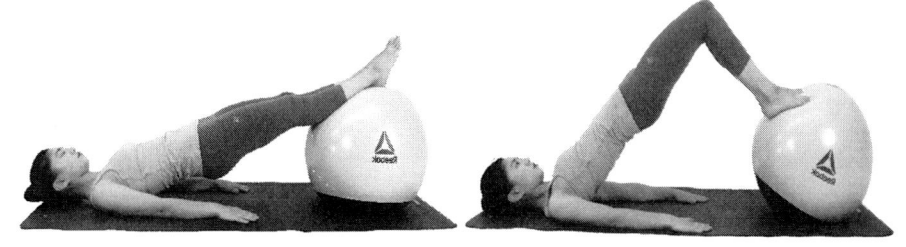

■ 한발 서서 밸런스 운동

운동	휴식	강도	반복회수	운동속도	세트
한발 서서 밸런스 운동	1분			천천히/중간	1~3

한발로 서서 만질 수 있는 거리까지 골프공이나 콘을 몸 앞쪽에 둔다. 한 발로 서서 천천히 각각의 골프공이나 콘을 만지고 다시 처음 위치로 돌아온다. 각각의 다리를 3세트 수행한다. 더욱 도전적으로 수행하기 위해서는 눈을감고 해본다.

■ 보스 볼에서 한발로 균형잡기

운동	휴식	강도	반복회수	운동속도	세트
보스 볼에서 한발로 균형잡기	오른쪽/왼쪽	최대 유지시간		천천히	1~3

보수 볼은 꼭 파란 버섯과도 같이 생겼다. 최근 프로 선수들도 밸런스 향상을 위해 이 쿠션이 있는 볼을 트레이닝에 많이 활용하고 있다. 골프에서의 밸런스 능력은 어떤 다른 스포츠 보다 중요하다. 러프에서나 한쪽이 기운 언덕에서의 샷을 할 때 균형을 유지할 수 없다면 공은 정확하게 맞치기 힘들고 결국은 한타를 잃게 된다. 따라서 하체를 강하게 만들면서 동시에 균형을 유지하는 능력은 이러한 보수 볼이나 쿠션이 있는 패드 또는 필라테스 토구등을 이용하기도 한다.

한 발로 서서 보수 볼에 상체를 앞으로 90 도까지 숙인다. 반대쪽 다리를 뒤로 하고 같은 쪽 팔을 앞으로 뻗어 균형을 유지하는데 이때 팔과 다리가 어깨와 허리 높이와 수평을 유지하도록 한다. 밸런스를 유지할 수 있는 가능한 시간까지 수행한다. 만약 너무 많이 몸이 흔들리거나 더 이상 밸런스를 유지할 수 없는 경우 운동을 종료한다. 각각의 다리를 이용해 3 번까지 반복한다.

■ 그립 트레이너(Grip Trainer)

운동	휴식	강도	반복회수	운동속도	세트
그립 트레이너	오른쪽/왼쪽		12~20 회	천천히	1~6

골퍼에 있어 때때로 골프 클럽을 잡는 앞쪽 팔 근육이 문제가 되는 경우가 있다. 때문에 이러한 근육을 강화시키기 위해서 그립 트레이너를 이용한다. 때로는 파워 웹이라고 일컫기도 하는데 탄력이 있는 그물망으로 손목 신전근육이나 굴곡근육을 강화시킬 수 있는 좋은 도구이다. 색깔에 따라 강도가 다르며 처음에는 낮은 강도에서 시작하여 점차 높은 수준으로 진행한다.

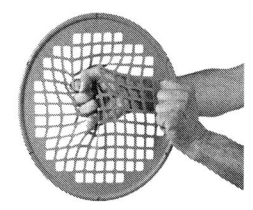
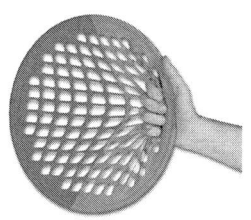

탄력 그물망 구멍에 손가락을 주먹 넓이 정도로 벌려 끼운다. 팔을 옆으로 뻗어 유지하면서 손가락을 오므리고 다시 벌린다. 만약 12~20 회 정도를 반복했을 때 손가락이 피곤하다면 적정한 강도이다. 만약 20 회를 너무 쉽게 수행하였다면 강도가 약하므로 저항이 높은 그물망을 이용하거나 혹은 손목 신전근 운동일 때는 조금 더 오므려 구멍에 끼우고 더 넓게 손가락이 벌어지도록 하며, 손목 굴곡근 운동을 할 때는 손가락을 넓게 펴서 더 크게 손목을 오므리게 하여 강도를 조절한다.

손가락을 오므리는 동작은 손가락 굴곡근 운동이며 손가락을 펴는 동작은 손가락 신전근 운동이다. 손가락 굴곡근 운동이 끝나면 바로 손가락 신전근 운동을 시작한다. 한쪽 손의 신전근, 굴곡근 운동이 끝나면 반대쪽을 수행한다. 한쪽 손의 신전/굴곡운동은 1 세트에서 6 세트까지 반복하지만 처음에는 한 세트로 시작하여 점차 늘려나간다.

■ 막대 봉 끌어올리기

운동	휴식	강도	반복회수	운동속도	세트
막대 봉 끌어올리기	1 분		3~5 회	천천히	1~3

작은 막대 봉에 0.5~3kg 의 무게가 달린 1m 정도의 줄을 중앙에 연결해 사용한다. 이 운동은 팔의 신전근(손목을 손등 방향으로 펴는 근육)과 굴곡근(손목을 손바닥 쪽으로 굽히는 근육)을 사용하게 하는 운동으로 신전근 운동시에는 봉의 양쪽에서 손바닥을 아래로 하여 막대기를 잡고 줄을 위로

감아올려서 막대기가 몸쪽으로 향하도록 한다. 무게 추가 완전히 감기면 다시 아래로 내리면서 막대 봉을 반대로 감는다 3~5 회 반복한다. 굴곡근 운동은 손바닥이 위로 향하게 하여 막대기를 잡은 후 신전운동과 같은 방법으로 진행한다.

선택 프로그램 1

✓ 운동단계: 정적 안정성 운동 - 신경근계 통합운동
✓ 목표: 뇌와 근육간의 상호작용의 증가
✓ 운동 빈도: 주 6회

■ 정적 안정성 운동 - 신경근계 통합운동

운동	휴식	강도	반복회수	운동속도	세트
스트레치 & 준비운동					
월요일, 수요일, 금요일					
앞으로 기울여 덤벨 들어올리기	1분		8~12회	203	1~3세트
짐볼에 누워 허리들기	1분		8~12회	333	1~3세트
짐볼 앞으로 굴리기	1분		8~12회	333	1~3세트
사이드 플랭크	1분		3~5회	천천히/중간	1~3세트
한발 스쿼트	1분		8~10회	천천히/중간	1~3세트
짐볼 레그컬	오른쪽/왼쪽		8~12회	천천히/중간	1~3세트
막대 봉 끌어올리기	1분		3~5회	천천히	1~3세트
화요일, 목요일, 토요일					
플랭크 자세로 콘 터치	1분		4~10회	111	1~3세트
짐볼에 엎드려 어깨 외전운동	1분		최대	천천히/중간	1~3세트
막대 봉 등에 올리고 그림 그리기	1분		최대	천천히	1~3세트
짐볼 옆으로 기대기	오른쪽/왼쪽		1~2회	최대	1~2세트
한발 서서 밸런스 운동	1분			천천히/중간	1~3세트
보스 볼에서 한발로 균형잡기	오른쪽/왼쪽	최대 유지시간		천천히	1~3세트
그립 트레이너	오른쪽/왼쪽		12~20회	천천히	1~3세트

선택 프로그램 2

✓ 운동단계: 정적 안정성 운동 - 신경근계 통합운동
✓ 목표: 뇌와 근육간의 상호작용의 증가
✓ 운동 빈도: 주 4 회

운동	휴식	강도	반복회수	운동속도	세트
스트레치 & 준비운동					
월요일, 금요일					
앞으로 기울여 덤벨 들어올리기	1 분		8~12 회	203	1~3 세트
짐볼에 누워 허리들기	1 분		8~12 회	333	1~3 세트
짐볼 앞으로 굴리기	1 분		8~12 회	333	1~3 세트
사이드 플랭크	1 분		3~5 회	천천히/중간	1~3 세트
한발 스쿼트	1 분		8~10 회	천천히/중간	1~3 세트
짐볼 레그컬	오른쪽/왼쪽		8~12 회	천천히/중간	1~3 세트
막대 봉 끌어올리기	1 분		3~5 회	천천히	1~3 세트
수요일, 일요일					
플랭크 자세로 콘 터치	1 분		4~10 회	111	1~3 세트
짐볼에 엎드려 어깨 외전운동	1 분		최대	천천히/중간	1~3 세트
막대 봉 등에 올리고 그림 그리기	1 분		최대	천천히	1~3 세트
짐볼 옆으로 기대기	오른쪽/왼쪽		1~2 회	최대	1~2 세트
한발 서서 밸런스 운동	1 분			천천히/중간	1~3 세트
보스 볼에서 한발로 균형잡기	오른쪽/왼쪽	최대 유지시간		천천히	1~3 세트
그립 트레이너	오른쪽/왼쪽		12~20 회	천천히	1~3 세트

선택 프로그램 3

✓ 운동단계: 정적 안정성 운동 - 신경근계 통합운동
✓ 목표: 뇌와 근육간의 상호작용의 증가
✓ 운동빈도: 주 2 회

운동	휴식	강도	반복회수	운동속도	세트
스트레치 & 준비운동					
운동 1 일					
앞으로 기울여 덤벨 들어올리기	1 분		8~12 회	203	1~3 세트
짐볼에 누워 허리들기	1 분		8~12 회	333	1~3 세트
짐볼 앞으로 굴리기	1 분		8~12 회	333	1~3 세트
사이드 플랭크	1 분		3~5 회	천천히/중간	1~3 세트
한발 스쿼트	1 분		8~10 회	천천히/중간	1~3 세트
짐볼 레그컬	오른쪽/왼쪽		8~12 회	천천히/중간	1~3 세트
막대 봉 끌어올리기	1 분		3~5 회	천천히	1~3 세트
운동 2 일					
플랭크 자세로 콘 터치	1 분		4~10 회	111	1~3 세트
짐볼에 엎드려 어깨 외전운동	1 분		최대	천천히/중간	1~3 세트
막대 봉 등에 올리고 그림 그리기	1 분		최대	천천히	1~3 세트
짐볼 옆으로 기대기	오른쪽/왼쪽		1~2 회	최대	1~2 세트
한발 서서 밸런스 운동	1 분			천천히/중간	1~3 세트
보스 볼에서 한발로 균형잡기	오른쪽/왼쪽	최대 유지시간		천천히	1~3 세트
그립 트레이너	오른쪽/왼쪽		12~20 회	천천히	1~3 세트

8. 동적 안정성 운동

정적 안정성 운동을 잘 수행하였다면 이제 동적 안정성 운동을 할 단계이다. 동적 안정성은 한번의 스윙 혹은 반복된 스윙에서도 항상 적절한 관절의 정렬이 유지되는 능력이다. 골퍼가 클럽을 가지고 스윙을 하는 동작은 팽이와 같은 회전체와 비슷하다. 중심축이 유지되면서 관성이 유지되는 한 팽이는 흔들리지 않고 지속적으로 돌 수 있는 것과 같이 척추를 중심으로 회전하는 골프 스윙은 척추가 구부러지면 회전 중심축을 유지할 수 없다. 스윙 동작은 마치 도리깨질을 하는 것과 같이 모든 방향으로 관성이 이동한다. 골퍼가 회전 중심축이 일정하지 않거나 척추나 사지 관절의 정렬이 일정하지 않는다면 결국 스윙의 정확성이나 일치성을 가질 수 없다.

골프에서 동적 안정성을 향상시키기 위해서는 스윙을 하는 동안 머리, 척추, 사지 관절의 적절한 정렬이 필수적이다. 이러한 목적을 달성하기 위해서는 유연성, 정적 안정성과 동적 안정성의 적절한 조합이 요구된다. 골퍼에게 스윙동작 시 동적 안정성은 골반, 몸통, 어깨 주변부 근육을 통합하는 능력과 일치한다. 따라서 동적 안정성을 향상시키기 위한 운동의 목표는 이러한 근육과 관절을 통합하는 능력을 키우는데 있다.

따라서 골퍼는 골프에 필요한 근력이나 파워를 키우는 것도 중요하지만 더 중요한 것은 적절한 유연성, 정적 안정성, 동적 안정성이 먼저 갖추어져야 항상 일관성 있고 정확한 스윙을 할 수 있을 것이다.

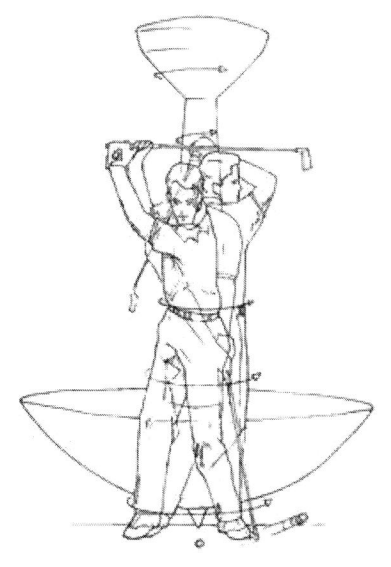

골프를 하는 사람들의 체력수준이나 나이가 다양하므로 동적 안정성의 어떤 운동은 상당히 힘들 수 있다. 따라서 강도를 적절하게 낮추거나 높이면서 수행하는 게 좋다. 몇몇 운동은 특수한 도구가 필요할 수도 있다. 가급적이면 전문센터와 같이 적절한 트레이닝 장소를 이용하는 것이 좋으나 그것이 힘들다면 개인적으로 장비를 구입하여 운동을 수행하는 게 좋다. 몇몇 골퍼들은 더 나은 스코어를 위해 골프 신발이나 클럽은 최고급으로 바꾸기도 하지만 정작 컨디셔닝 트레이닝에 대해서는 인색한 사람들이 있다. 신발이나 클럽의 외적 요인보다 더 중요한 것은 골프를 위한 몸이 준비되어야 더 좋은 골프스코어를 기대할 수 있을 것이다.

동적 안정성 운동은 개인의 스케줄에 따라 3 가지 프로그램을 선택하여 수행하면 된다. 그러나 가급적이면 동적 안정성에 더 잘 익숙하기 위해서는 주 6 회 매일의 프로그램이 추천된다.

동적 안정성 운동을 잘 수행하였다면 골프 능력의 향상뿐만 아니라 골프로 인한 허리통증이나 손상을 덜 받을 수 있도록 몸이 준비될 것이다. 그리고 다음 단계인 근력과 파워 트레이닝 단계를 진행한다.

축구나 야구, 농구등 전문 운동선수라 하더라도 동적 안정성은 스포츠 경기력을 향상시키는데 필수적 요소이다. 특히 골프는 이러한 스포츠보다 더욱 정적인 운동으로 안정성이 없다면 좋은 골퍼가 될 수 없을 것이다. 골프가 정적인 운동이기는 하지만 골프 클럽의 회전운동은 야구 방망이를 휘두르는 것 이상으로 역동적인 동작이며 축을 중심으로 하는 통합적 유지능력 즉 동적 안정성이 필요한 스포츠로서 동적 안정성 능력이 특히 필요하다. 따라서 골프는 정적 안정성, 동적 안정성, 그리고 골프 공을 더 멀리 보내기 위해서 근력, 파워 모든 신체능력이 요구되는 세밀하면서도 역동적 운동이라 할 수 있다.

■ 3 단계에 필요한 도구

짐볼, 근력 수준에 맞는 2.5kg~15kg 범위의 덤벨(아령), 직경 약 3cm, 길이 1m 80cm 정도의 막대 봉, 파워 웹(고무줄 그물망), 더욱 전문적인 도구로 균형운동을 위한 원판(wobble board), 균형과 협응력을 위한 프로 피터(전문 골프아카데미나 골프교실, 혹은 스포츠 클리닉등에 있다)

짐볼은 키에 따라 적당한 크기를 선택한다.

45cm	55cm	65cm	75cm	85cm
155cm미만	155-160cm	160-170cm	170-180cm	180cm 이상

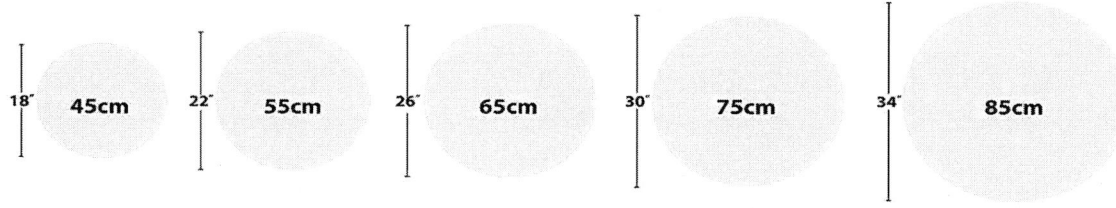

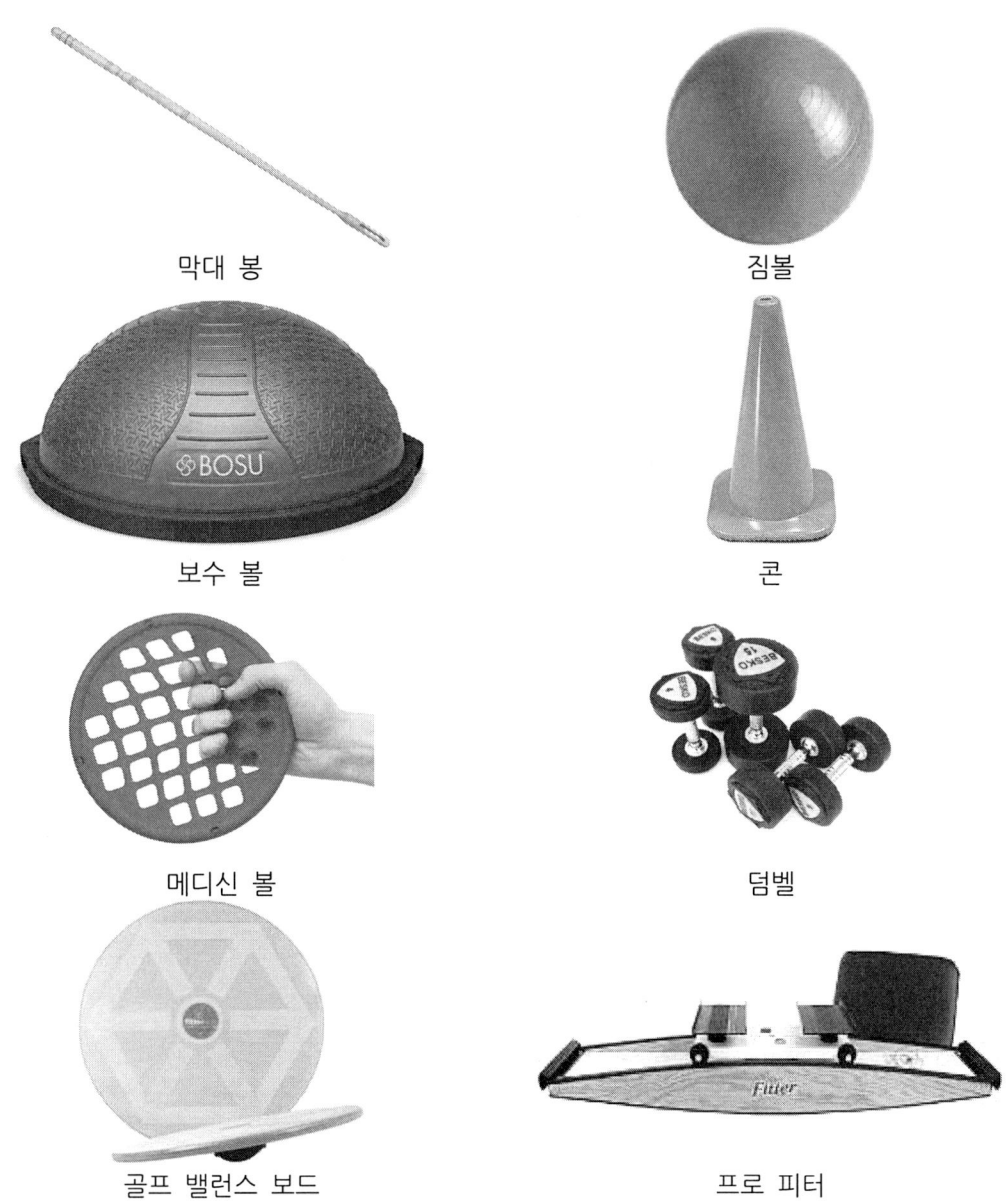

◆ 동적 안정성 운동

■ 짐볼에 누워 무릎당겨 올리기

운동	휴식	강도	반복회수	운동속도	세트
짐볼에 누워 무릎들어 올리기	1 분		8~12 회	천천히	1~3

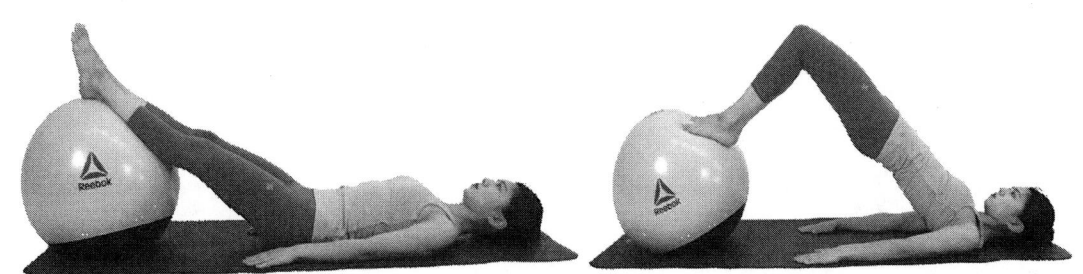

짐볼에 누워 무릎들어 올리기는 짐볼에 누워 허리 들기의 응용동작으로 더욱 힘든 과정이다. 그러나 이 운동은 슬굴곡근(hamstring)을 강화시키는 동시에 무릎관절, 고관절의 협응력을 향상시키는데 유용하다. 즉 슬굴곡근의 컨디셔닝 뿐만 아니라 허리와 복부근육을 트레이닝 시킬 수도 있다. 그림에서 보는 것과 같이 다리를 짐볼에 올리고 무릎을 들어올리면서 짐볼을 골반쪽으로 굴리는데 압력 균형의 평형을 유지하지 못하면 짐볼은 빠져나가거나 혹은 한쪽으로 기울 수 있다. 짐볼을 굴려당길 때 안정성을 유지하기 위해 복근이 사용되어야 하는데 이것은 골프 스윙 시 축을 유지하기 위해 몸통과 골반을 안정시키기 위해 복근을 사용하는 것과 같다. 즉, 이러한 운동을 통한 복부 안정성(core strability)은 골프에서 그대로 적용된다.

짐볼에 누워 허리 들기 운동과 같이 짐볼에 다리를 올리고 손바닥이 하늘로 향하게 하여 팔은 옆으로 뻗는다. 종아리를 짐볼에 올리고 허리를 들어 올리는 동작으로 시작한다. 다리는 짐볼에 유지한 채 골반을 천천히 들어올려 어깨와 발목 선과 일치시킨다. 다음 단계로 무릎을 굽힌다. 무릎을 굽힐 때 골반이 내려가지 않도록 하는게 중요하다. 만약 무릎을 굽히려고 시도할 때 골반을 유지하지 못하고 내려간다면 슬굴곡근이 충분히 강하지 않으므로 먼저 짐볼에 누워 허리 들기 운동을 통해 강화를 시켜야 한다.

더 도전적으로 시도하고자 하는 사람이라면 몸에서 짐볼을 더 멀리 보낸 후 시작 한다. 무릎을 굽히는데 골반이 내려가지 않고 짐볼에 압력 균형에 문제가 없다면 천천히 무릎을 펴면서 처음자세로 돌아간다. 상당히 힘든 동작이지만 그만큼 효과가 있다. 이후 점차 팔을 몸통으로 붙이거나 혹은 가슴에 모으는 방법으로 강도를 더 높일 수 있다. 짐볼의 크기가 운동시 매우 중요하다. 만약 짐볼 크기가 자신에 맞지 않고 너무 크면 운동을 하는 동안 목에 과도한 스트레스를 주어 부상을 입을 수 있으니 주의해야 한다. 만약 과거 목이 불편한 경험이 있거나 목 디스크 진단을 받은 경우라면 이 운동을 하기 전 반드시 전문의나 전문가의 조언을 받는게 좋다. 때때로 농구공이나 작은 짐볼을 이용하는 수정된 방법으로 수행한다면 목에 주는 스트레스를 경감할 수 있을 것이다. 작은 공을 이용하는데도 불구하고 여전히 목에 불편감이 있다면 정형외과적 혹은 신경외과적 진료를 받아보는 것이 좋다.

■ 프론 잭 나이프

운동	휴식	강도	반복회수	운동속도	세트
프론 잭 나이프	1 분		8~12 회	202	1~3

프론 잭 나이프는 골퍼의 고관절 굴곡근, 복부근, 어깨주변부 근육을 강화 시키기 위한 운동이다. 이 운동은 골퍼의 허리 움직임으로부터 분리된 골반 움직임에 도움이 된다. 골반에 독립되어야 할 움직임이 허리까지 영향이 전달되어 많은 골퍼에게 허리통증의 원인이 된다.

만약 골퍼가 고관절 굴곡근이 약하고 허리 움직임으로부터 골반 움직임이 구별되지 않는다면 골프 클럽 스윙 시 허리를 과도하게 사용하게 될 가능성이 증가한다. 프론 잭 나이프 동작은 골퍼의 일반적인 약화 근육을 강화시키고 정상적인 움직임 패턴을 회복시키는데 도움이 된다.

짐볼에 다리를 올리고 푸시 업 자세를 취한다.

척추를 일직선으로 하여 머리와 목이 정렬 되도록 유지한다. 2 초 동안 다리를 가슴 쪽을 당긴다. 다시 2 초 동안 처음의 위치로 돌아간다. 8 번에서 12 번을 반복한다. 만약 이 운동이 너무 힘들다면 짐볼에 다리를 올리는 부분을 더 많이 하거나 짐볼 공기압을 줄여서 수행한다.

■ 짐볼 옆으로 굴리기

운동	휴식	강도	반복회수	운동속도	세트
짐볼 옆으로 굴리기	1 분		6~8 회	1 초 유지	1~3

짐볼 옆으로 굴리는 운동은 골퍼에게 많은 유익함을 준다. 정확한 자세로 이 운동을 잘 수행하면 자세, 어깨 주변부 근육의 강화, 민첩성, 밸런스, 복부 중심부 강화, 지구력, 협응력, 운동반사 신경등 골프 수행에 많은 향상을 가져다 줄 것이다.

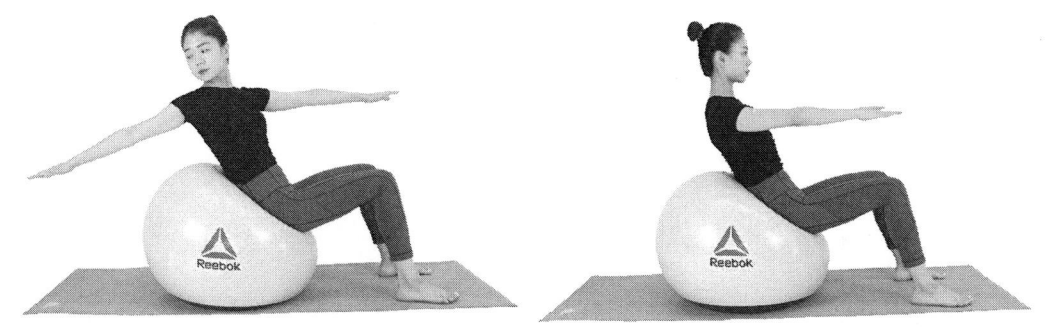

짐볼에 등을 기대고 눕는다. 골반 뒤쪽에 짐볼을 척추를 펴고 머리가 편안하게 유지될 수 있도록 자세를 취한다. 두 팔을 앞으로 뻗고 손등이 하늘을 향하도록 한다. 한쪽 팔을 옆으로 벌려 움직이는데 정렬이 흐트러지지 않도록 한다.

정렬이 유지될 수 있는 지점까지 회전하는데 약 1 초 정도 멈추고 반대쪽으로 회전한다. 이렇게 6~8 회 반복한다.

이 운동을 하기 전 반드시 가벼운 수준으로 준비운동을 하는 것이 중요하다. 이 운동이 쉽다면 옆으로 더 많이 짐볼을 굴리는 것 만으로도 난이도가 증가하며 짐볼 끝 지점에서 오래 버티도록 해본다. 많은 근육이 사용되는 운동으로 무리할 경우 근육통이 더 오래갈 수 있으니 욕심부리지 않도록 한다.

■ 짐볼 다리에 끼우고 비틀기

운동	휴식	강도	반복회수	운동속도	세트
짐볼 다리에 끼우고 비틀기	1 분		6~10 회	천천히/중간	1~3

짐볼 다리 사이에 끼우고 비트는 동작은 폭발적인 강한 회전력을 키워줌으로 드라이브 비 거리를 늘리는데 도움이 될 것이다.

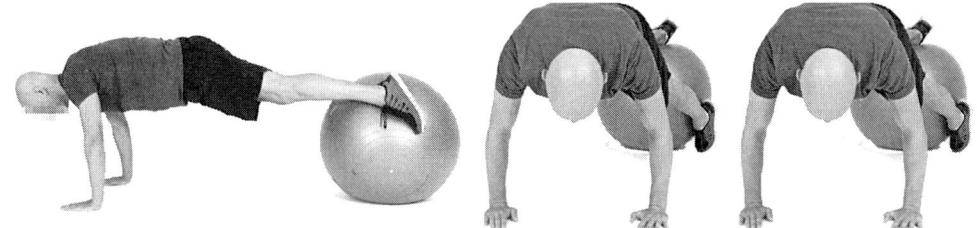

짐볼에 다리를 올리고 푸시 업 하듯이 엎드린다. 다리나 정강이 사이에 짐볼을 잘 조절하여 움직일 수 있도록 끼운다. 다리, 몸통, 머리가 수평으로 유지될 수 있도록 유지한다. 천천히 그리고 부드럽게 오른쪽이나 왼쪽으로 하체를 돌려 비튼다. 준비운동으로 처음에는 천천히 쉽게 시작하며, 하고자 하는 운동강도의 60%를 넘지 않도록 한다. 준비운동이 끝나면 본 운동을 천천히 수행한다. 6~10 회를 좋은 자세로 잘 수행하였다면 운동속도를 2 초 2 초를 지키면서 수행한다. 즉, 2 초 오른쪽으로 돌리고 2 초 왼쪽으로 돌리면서 6~10 회 반복하고 1 분간 쉰 후 다시 세트를 반복한다.

■ 짐볼 위에서 무릎으로 균형잡기

운동	휴식	강도	반복회수	운동속도	세트
짐볼 위에서 무릎으로 균형잡기	1 분		1~3	30 초유지	4~8

짐볼 위에서 무릎으로 균형을 잡는 동작은 밸런스, 협응력, 운동 반사신경, 동적 자세유지 능력, 고유신경 반사 능력을 향상시키면서도 재미있는 운동이다. 동작이 절대 쉽지 않으므로 주의해야 한다.

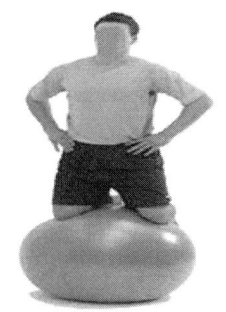

그림과 같이 처음에는 두 손을 이용해 공을 안정되게 잡고 무릎을 올려본다. 균형이 잘 유지되면 두 손을 짐볼에서 놓는다. 단지 무릎을 이용해 균형을 잡으려고 한다면 상당히 힘들다. 때문에 정강이를 이용해 지지할 수 있는 넓이가 더 증가할 수 있도록 한다. 그래도 안정되게 균형을 잡을 수 없다면 발을 이용하도록 한다. 처음에는 짐볼에서 떨어지지 않고 균형을 유지할 수 있을 만큼 연습을 한다. 만약 몇 번이고 30 초 이상 수행할 수 있는 수준이 된다면 다음 단계로 진행한다.

■ 짐볼 위에서 무릎으로 균형 유지하면서 골프 스윙하기

운동	휴식	강도	반복회수	운동속도	세트
무릎 굽혀 엎드려 복부운동	1 분이하		10 회	10/10	1~3 세트

짐볼 위에서 무릎으로 균형을 유지하는게 잘 수행이 되면 마치 클럽을 잡은 것처럼 맨손으로 어드레스부터 골프 스윙을 해보도록 한다. 처음에는 하프스윙으로 백스윙, 다운스윙, 팔로우 스로우를 한다. 균형이 흐트러지지 않고 자세가 흐트러지지 않는 한 최대 30 초동안 연습을 한다. 몇 세트고 흐트러짐 없이 좋은 자세로 수행하였다면 작은

무게의 덤벨을 이용하거나 실재 골프 클럽을 잡고 수행해본다. 이렇게 무게가 추가됨으로 해서 회전 중심축이 변화하고 동작을 수행하기가 더욱 어려워진다. 짐볼은 충분히 공기압이 들어가있어야 한다. 만약 공기압이 너무 약하다면 원하는 효과를 얻을 수 없다.

■ 짐볼에 누워 상체 회전하기

운동	휴식	강도	반복회수	운동속도	세트
짐볼에 누워 상체 회전하기	1 분		6~10	천천히/중간	1~3

짐볼에 누워 상체 회전하기는 중심부 근육을 강화시키는데 좋은 운동이다. 또한 골프 스윙 시 중요한 골반주변부 근육을 강화시킨다. 이 운동의 또 다른 장점은 두 발을 땅에 대고 회전하는 동안 골반과 몸통근육이 상호작용할 수 있도록 한다. 이렇게 두 발을 땅에 대고 몸통을 회전하는 능력의 향상은 실재 골프 스윙 시 근육이 더 잘 사용될 수 있도록 뇌의 능력을 향상시킨다. 인체의 방향감각, 무게중심의 이동, 세밀한 움직임에 대한 정보를 뇌는 발과 다리로부터 받아들인다.
  등을 이용해 짐볼에 눕고 어깨를 지지하여 머리를 안정적으로 유지한다. 엉덩이를 들어 무릎과 어깨가 수평이 유지되도록 한다. 두 손은 가슴에 모은다.

가능한 범위까지 천천히 상체를 한쪽으로 회전시키고 다시 같은 속도로 반대편으로 회전한다. 몇 번이고 천천히 반복하면서 운동범위를 점차 늘려나간다. 6 번을 오른쪽 왼쪽 반복하였다면 속도를 조금 더 빠르게 수행한다. 운동을 하는 동안에도 항상 어깨와 골반, 무릎이 수평이 유지되도록 하고 엉덩이가 내려가지 않도록 주의해야 한다. 첫 번째 세트는 준비운동으로 가볍게 끝낸다. 만약 좋은 자세로 3 세트까지 어렵지 않게 수행한다면 0.5~3kg 정도의 메디신 볼 혹은 덤벨등을 가슴에 들고 한다. 이 운동은 운동 후 근육통을 유발할 수 있기 때문에 처음에는 한 세트 정도로 수행하고 다음날 근육통이 없다면 세트를 늘려나간다.

■ 골프 밸런스 보드 운동

운동	휴식	강도	반복회수	운동속도	세트
골프 밸런스 보드	1 분		1~3 회	30 초유지	1~8 세트

골프 밸런스 보드는 균형 운동을 위한 원판이다. 골프 밸런스 보드는 판 밑에 불균형적인 형태의 한쪽이 바닥에 기울도록 고안된 도구이다. 따라서 도구 자체가 평행성 향상을 위해 고안되었다고 할 수 있다. 이 운동은 허리의 균형감을 잘 유지시킬 수 있어 과거 허리 통증을 앓았거나 허리 수술 등으로 인해 허리가 약한 사람이 재활 목적에서도 사용하는 유용한 도구이다.

즉 허리 수술을 한 사람들은 허리 심부 근육과 허리를 세우는 척추기립근을 통합하여 사용하는데 어려움을 호소한다. 아프거나 약화된 근육을 사용하지 않으려고 하는 경향으로 만성적 근약화로 인해 허리 통증이 개선 되지 않게된다. 따라서 골프 밸런스 보드를 이용한 균형 운동은 허리 심부 근육이 사용되도록 하는데 도움이 되는데 이 운동을 하는 동안 균형이 흐트러지면서 뇌는 직감적으로 위협을 느낀다. 이러한 잠재적 위협은 뇌로 하여금 근 약화로 인해 사용하지 않으려 했던 잘못된 근육사용 형태를 잊고 사용 될 수 밖에 없도록 신호를 준다.

이러한 방식으로 심부 근육이 강화되어 허리통증을 완화시킬 수 있다. 피터 골프 밸런스 보드를 사용하는데 있어 처음엔 축이 낮은 보드를 사용하고 점차 높은 축을 사용한다.

처음에는 낮은 수준에서 시작하여 최대한 오래 균형을 유지할 수 있도록 유지해야 한다. 가급적이면 거울을 보면서 상체를 세우는 바른 자세를 유지할 수 있도록 한다. 너무 오랫동안 발을 보면서 균형을 유지한다면 잘못된 자세가 습관이 될 수 있다.

이 운동을 하는 동안 어려움을 느낀다고 실망할 필요는 없다. 이 운동이 쉽지 않은 운동이기 때문이다. 만약 균형을 유지하기 너무 어렵다면 매트나 카펫과 같이 쿠션이 있는 바닥을 이용하면 조금 더 쉽게 수행할 수 있다. 만약 좋은 자세로 균형을 잘 유지한다면 30초 동안 골프 밸런스 보드가 바닥에 닿지 않도록 하면서 반복회수를 늘려나간다. 만약 시간이 지나면서 기울거나 자세가 흐트러지면 지속하지 말고 종료를 한다. 잘못된 자세로 시간을 오랫동안 한다고 더 좋은 결과를 얻는 것은 아니다.

반복회수 칼럼에서도 1~3회를 30초 내외서 수행하라고 한 이유는 더 많이 반복한다고 더 균형이 잘 유지되는 것이 아니기 때문이다. 3번 반복 후 1분을 쉬고 다음 세트를 수행한다. 주의해야 할 점은 항상 좋은 자세를 유지하는 것이 중요하다. 만약 자주 실수를 하거나 균형을 유지할 수 없으면 신경계가 피로한 상태로 더 이상 향상이 어려우므로 그날은 운동을 끝내는 게 좋다.

■ 프로 피터

운동	휴식	강도	반복회수	운동속도	세트
프로 피터	1분		최대	천천히/중간/빠르게	1~8

프로 피터는 스키 선수를 대상으로 고유감각 수용과 밸런스 능력을 발달시키기 위해 고안된 도구이다. 수년 동안 이 도구는 스포츠재활 전문가들이나 스포츠 트레이너에 있어 매우 인기가 있는 도구가 되었으며 골프에서도 프로 피터가 균형능력, 협응력, 신경반사와 근력을 향상시키는 좋은 운동으로 인식되었다. 프로 피터를 어떻게 사용하느냐에 따라 근력, 균형능력, 협응력을 다르게 발달시킬 수 있다.

처음에는 그림과 같이 옆쪽으로 움직이도록 한다. 초보자나 처음 시작 하는 경우 거울을 보면서 지지하는 막대를 하나 또는 두 개를 이용하여 지지대에 올라서서 자세를 바로 잡는다. 운동은 간단하다. 상체를 세운 상태로 하체를 좌우로 이동하면 된다. 지지대를 이용하면 많은 도움이 된다. 운동에 익숙할수록 지지대를 두 개에서 하나 혹은 지지대 없이 수행한다. 몇 번의 시도 후 저항을 더하거나 프로 피터의 거리를 더 늘리거나 아래쪽을 불균형하게 만들어 더욱 힘들게 수행할 수 있다.

이 운동은 다른 능동적 안정화 트레이닝에 비해 재미있게 수행할 수 있으면서도 신경계를 자극할 수 있는 운동이다. 쉬지 않고 최대로 반복하고 1분 휴식 후 다시 세트를 반복한다. 잘 적응이 되었을 때 추가적으로 세트를 증가한다. 지지대 없이 좌우로 움직이는데 충분히 트레이닝 되었다고 생각된다면 앞뒤 움직임을 시도해본다. 앞뒤로 움직이는 것이 좌우로 움직이는 것보다 더 어렵다. 따라서 처음 앞뒤로 움직일 때는 지지대가 필요할 수도 있다. 마치 스케이트 보드나 수상 스키와 같이 자세를 잡고 천천히 앞 뒤로 움직인다. 상체는 움직이지 않고 하체만 움직이도록 시도해야 한다.

■ 런지하면서 몸통 틀기

운동	휴식	강도	반복회수	운동속도	세트
런지하면서 몸통 틀기	1분		8~10보	3초 / 3초	1~3

런지를 하면서 몸통을 트는 동작은 고유신경감각과 밸런스를 향상시키는 동시에 허벅지 대퇴 근육과 둔부근육, 복부 안정화 근육을 향상시킨다. 런지 동작에서 대퇴 근유과 햄스트링의 근육을 사용하게 하며 트위스트 동작을 하는동안 대둔근과 몸통 안정화 근육을 사용하게 한다. 또한 한 다리를 옮길 때마다 고유신경을 자극시켜 밸런스 유지 근육을 사용 함으로써 골프 시 하체를 안정화시켜 일관된 스윙을 하도록 한다.

메디신 볼을 두팔을 뻗어 가슴 높이로 들고 런지동작을 수행한다. 한 발을 내 딛을때 메디신 볼을 든 손을 내딛는 다리 방향으로 수평으로 돌린다. 반대 쪽 다리를 앞으로 뻗을 때도 몸통을 틀면서 메디신 볼을 든 손을 수평으로 돌린다. 8~10보 런지 후 1분간 쉰다. 3세트까지 수행하도록 한다. 보다 도전적으로 하고자 한다면 처음 위치로 돌아갈 때 뒤로 움직이면서 수행한다. 상당히 힘든 동작으로 시니어 골퍼는 주의해야 한다.

■ 네 방향 점프

운동	휴식	강도	반복회수	운동속도	세트
네 방향 점프	1분	속도에 따라 조절		1초/3초/1초	1~3

네 방향 점프는 한발로 오른쪽에서 왼쪽, 왼쪽에서 앞으로, 앞에서 대각선 뒤로 다시 앞으로, 대각선 뒤로, 다시 오른쪽으로 뜀을 뛸 때 서로 다른 방향으로 네 방향을 가볍게 점프하는 운동이다. 대퇴근육과 둔부근육을 사용하게 하고 밸런스를 유지하는데 도움이 된다. 점프를 하고 착지를 한 상태에서 3초간 밸런스를 유지한다. 점차 속도를 빠르게 하면서 강도를 조절한다. 동작이 쉬우면 눈을 감고 수행한다. 각각의 다리를 교차하여 1세트에서 3세트까지 수행한다.

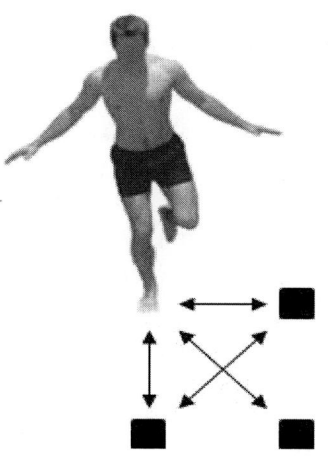

■ 한발 서서 공 굴리기

운동	휴식	강도	반복회수	운동속도	세트
한발 서서 공 굴리기	오른쪽/왼쪽	최대가능시간		천천히/중간	1~3

한발 서서 공 굴리기는 밸런스를 유지하기 위한 동적 안정성 운동이다. 시계방향으로 공을 한 바퀴 돌리고 시계 반대 방향으로 다시 돌린다. 익숙해지면 눈을 감고 공을 돌려본다. 한 다리가 피로해지거나 혹은 공을 놓치는 경우 발을 바꿔서 수행한다.

■ 케이블을 이용한 밸런스 운동

운동	휴식	강도	반복회수	운동속도	세트
케이블을 이용한 밸런스 운동	오른쪽/왼쪽	최대 운동시간		천천히	1~3

　케이블을 이용한 밸런스 운동은 상당히 힘든 동작이다. 뇌에게 외부저항과 대항하여 신체를 안정화시키는 능력과 다리, 몸통, 팔을 하나로 통합하며, 골프 스윙 시 요구되는 골반, 어깨 주변부, 중심 안정화 근육을 사용하도록 한다.

　케이블 풀리를 어깨 높이 또는 무릎 아래 정도 수준의 높이로 설정하여 한손 또는 양손으로 풀리를 당겨 안정되게 선다. 발판 이나 보수 볼과 같은 쿠션이 있는 토구 혹은 수건을 말아서 그 위에 한 발을 올리고 서 시행 한다.

　동작이 익숙해 지면 무릎을 살짝 구부리고 들어 올린 상태에서 동작을 수행하는 것으로 바꿔 수행 할 수도 있다. 불규칙적으로 움직이는 힘을 케이블을 장력을 이용해 균형을 유지한다.

　운동의 강도는 바닥이 넓은 밸런스 도구로부터 토구 등과 같이 표면적이 작은 도구를 이용할 때 더욱 도전적인 운동이 된다. 균형이 무너지면 운동을 종료한다.

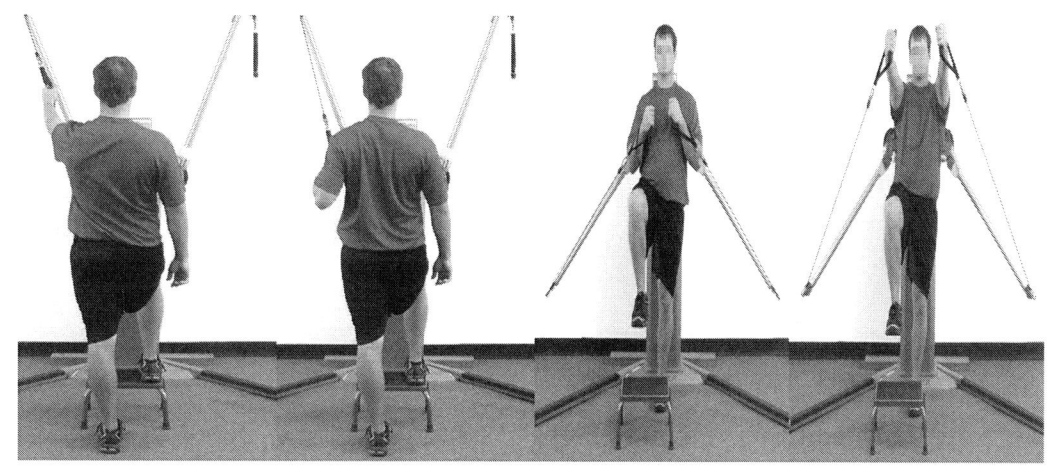

선택 프로그램 1

- ✓ 운동단계: 동적 안정화 운동
- ✓ 목표: 인지능력과 협응력의 향상
- ✓ 운동 빈도: 주 6 회

■ 동적 안정화 운동

운동	휴식	강도	반복회수	운동속도	세트
스트레치 & 준비운동					
월요일, 수요일, 금요일					
짐볼에 누워 무릎들어 올리기	1 분		8~12 회	천천히	1~3 세트
피터 골프 밸런스 보드 운동	1 분		1~3 회	30 초	1~8 세트
짐볼 옆으로 굴리기	1 분		6~8 회	1 초유지	1~3 세트
짐볼 다리에 끼우고 비틀기	1 분		6~10 회	천천히/중간	1~3 세트
런지 하면서 몸통 틀기	1 분		8~10 보	3 초/3 초	1~3 세트
한발 서서 공 굴리기	오른쪽/왼쪽	최대가능시간		천천히/중간	1~3 세트
화요일, 목요일, 토요일					
짐볼 위에서 무릎으로 균형잡기	1 분		1~3	30 초유지	4~8 세트
짐볼에 누워 상체 회전하기	1 분		6~10	천천히/중간	1~3 세트
프론 잭 나이프	1 분		8~12	202	1~3 세트
프로 피터	1 분		최대	천천히/중간/빠르게	1~8 세트
네 방향 점프	1 분	속도에 따라 조절		131	1~3 세트
케이블을 이용한 밸런스 운동	오른쪽/왼쪽	최대운동시간		천천히	1~3 세트

선택 프로그램 2

- ✓ 운동단계: 3 단계 - 동적 안정화 운동
- ✓ 목표: 인지능력과 협응력의 향상
- ✓ 운동 빈도: 주 4 일

운동	휴식	강도	반복회수	운동속도	세트
스트레치 & 준비운동					
월요일, 금요일					
짐볼에 누워 무릎들어 올리기	1 분		8~12 회	천천히	1~3 세트
피터 골프 밸런스 보드 운동	1 분		1~3 회	30 초	1~8 세트
짐볼 옆으로 굴리기	1 분		6~8 회	1 초유지	1~3 세트
짐볼 다리에 끼우고 비틀기	1 분		6~10 회	천천히/중간	1~3 세트
런지 하면서 몸통 틀기	1 분		8~10 보	3 초/3 초	1~3 세트
한발 서서 공 굴리기	오른쪽/왼쪽	최대가능시간		천천히/중간	1~3 세트
수요일, 일요일					
짐볼 위에서 무릎으로 균형잡기	1 분		1~3	30 초유지	4~8 세트
짐볼에 누워 상체 회전하기	1 분		6~10	천천히/중간	1~3 세트
프론 잭 나이프	1 분		8~12	202	1~3 세트
프로 피터	1 분		최대	천천히/중간/빠르게	1~8 세트
네 방향 점프	1 분	속도에 따라 조절		131	1~3 세트
케이블을 이용한 밸런스 운동	오른쪽/왼쪽	최대운동시간		천천히	1~3 세트

선택 프로그램 3

✓ 운동단계: 동적 안정화 운동
✓ 목표: 인지능력과 협응력의 향상
✓ 운동 빈도: 주 2 회

운동	휴식	강도	반복회수	운동속도	세트
스트레치 & 준비운동					
운동 1 일					
짐볼에 누워 무릎들어 올리기	1 분		8~12 회	천천히	1~3 세트
피터 골프 밸런스 보드 운동	1 분		1~3 회	30 초	1~8 세트
짐볼 옆으로 굴리기	1 분		6~8 회	1 초유지	1~3 세트
짐볼 다리에 끼우고 비틀기	1 분		6~10 회	천천히/중간	1~3 세트
런지 하면서 몸통 틀기	1 분		8~10 보	3 초/3 초	1~3 세트
한발 서서 공 굴리기	오른쪽/왼쪽	최대가능시간		천천히/중간	1~3 세트
운동 2 일					
짐볼 위에서 무릎으로 균형잡기	1 분		1~3	30 초유지	4~8 세트
짐볼에 누워 상체 회전하기	1 분		6~10	천천히/중간	1~3 세트
프론 잭 나이프	1 분		8~12	202	1~3 세트
프로 피터	1 분		최대	천천히/중간/빠르게	1~8 세트
네 방향 점프	1 분	속도에 따라 조절		131	1~3 세트
케이블을 이용한 밸런스 운동	오른쪽/왼쪽	최대운동시간		천천히	1~3 세트

9. 근력 트레이닝

골퍼 중에는 경기력을 향상시키기 위해 무엇이든 하는 사람들이 있다. 골프 클럽을 최고의 제품으로 바꾼다거나 맞춤 골프 슈즈를 신고 더 좋은 옷과 기술을 배우려고 애쓴다. 하지만 정작 자신의 몸을 골프에 맞춰 적용시키려고는 하지 않는 경향이 있다. 게으른 골퍼는 아무리 좋은 클럽을 가졌다 하더라도 나이가 들어감에 따라 혹은 신체능력의 감소에 따라 드라이브 거리가 줄어들 수 밖에 없고 일치된 샷을 날릴 수 없다. 따라서 골프에서 더 멀리 샷을 보내고 항상 일치된 샷을 날릴 수 있도록 몸을 트레이닝 시키는 게 중요하다. 이 책은 처음에는 유연성과 안정성 운동을 서술하였고 그러한 트레이닝을 잘 소화하였다면 이제 근력과 파워를 향상시키는 일이 남았다. 때때로 골퍼 중에는 근력 트레이닝이 골프에 방해가 된다고 생각하기도 하지만 근력 트레이닝으로 얻을 수 있는 것을 간과하는 것 같다. 실재 골퍼 중에는 약한 근력이 원인이 되어 허리통증과 손목 손상을 자주 경험한다. 통계적으로 남자 골퍼의 약 53%, 여자 45%에서 허리통증과 남자 24% 여자 27%에서 팔꿈치 통증을 호소한다. 또한 처음 골프를 시작하는 사람의 63%에서 허리통증을 경험한다. 30% 이상의 프로골퍼들도 투어 중 스포츠손상을 경험 하기도 하며 그 중 60% 이상에서 만성적으로 손상에 시달리고 있다고 한다. 생체역학적 분석에 의하면 골프 스윙에서 발생하는 힘은 척추 골절과 디스크 파열을 가져올 정도로 강하다. 따라서 허리근력, 손목의 근력이 약하다면 이러한 스포츠 손상에서 자유롭지 못할 수 밖에 없다.

골프도 스포츠 경기의 일부분이라고 말한 것처럼 아마추어 골퍼의 드라이브 스윙 시 자신의 최대 근력의 90%를 사용한다는 것[26]은 다른 스포츠 선수들 즉, 축구, 야구, 농구와 같은 수준으로 차이점이 있다면 다른 스포츠 선수들은 근력 트레이닝을 자신의 경기력의 일부분으로 생각하지만 골프 선수는 그렇지 않다는 것이다. 골퍼가 정기적으로 근력 트레이닝을 꾸준히 수행한다면 척추와 골반 주변부 근육을 강하게 하여 척추손상에 의한 경기력 소실은 줄어들 것이다. 허리 손상뿐만 아니라 손목이나 팔꿈치 부상도 근력 트레이닝으로 예방할 수 있다.

이 책은 주로 허리 주변부 몸통을 강화시키는 트레이닝이 주가 되지만 이러한 트레이닝을 통해서도 충분히 팔꿈치와 손목 부상을 줄일 수 있는데 이는 몸통 근육이 약하면 팔꿈치에 보상적으로 과도한 힘이 들어가면서 발생하는 부상을 허리 주변부가 튼튼해진다면 그런 보상적 동작이 줄어들기 때문이다. 즉, 골프 스윙을 할 경우 허리 근육이 팔과 다리 근육이 사용되기 전에 사용되는데, 허리와 복부근육이 기능적으로 안정성이 있고 풀 스윙을 하는데 충분히 강하다면 척추 손상 없이 스윙이 진행될 것이며 이후 다리와 팔이 스윙을 하는데 지장을 받지 않는다. 만약 허리와 복부 주변 근육이 약하다면 보상적으로 팔의 과사용을 피할 수 없으며 결국 근육과 건이 손상을 받게 된다.

손목 굴곡근과 신전근의 과 사용의 결과 나타날 수 있는 결과는 다음과 같다.

- ✓ 클럽헤드 캐스팅 (다운스윙 때나 임팩트 시 손목 각도를 너무 일찍 푸는 것)
- ✓ 어깨와 골반의 회전 부족
- ✓ 체중이동의 문제
- ✓ 흉곽과 척추의 자세 불량
- ✓ 임팩트시 나쁜 자세
- ✓ 다운 스윙 시 아웃 투 인의 스윙궤도

골퍼가 아니라도 팔꿈치 엘보우가 많지만 유일하게 골퍼 엘보라고 이름 붙여진 팔꿈치 내측의 통증은 손목을 굽히는 근육이 붙는 지점에 염증이 생긴 것으로 허리 근육의 약화로 인해 손목의 과보상 사용이 주 원인이다.

근력 트레이닝은 피로감 없이 골프를 마칠 수 있도록 하는데 이러한 능력은 골프 경기력에 영향을 미친다. 왜냐하면 근육의 피로나 전신의 피로는 운동 신경의 세밀한 부분의 협응력을 감소시켜 결과적으로 처음에는 경기를 잘 하다가 나중에 경기가 잘 되지 않거나 스코어를 잃게 된다.

근력 트레이닝의 또 다른 효과는 몸을 강하게 하는 것뿐만 아니라 파워를 키우는데 기초가 된다는 것이다. 파워는 근육의 양과 힘에 의존한다. 근력은 근육이 내는 힘으로 근육양이 크다면 더 큰 근력을 낼 수 있다. 하지만 골프와 같이 세밀한 운동은 보디빌더와 같은 근육량에 좌우 되지 않는다. 만약 그렇다면 보디빌더가 훨씬 더 골프를 잘 할 수 있기 때문이다. 하지만 근력은 다르다. 근력은 단위 근육당 신경 사용능력이 좋아지면 향상시킬 수 있다. 이는 여자 운동선수를 보면 알 수 있다. 여자는 여성호르몬으로 근육의 크기를 키우는데 제한적이지만 근력은 보통 남자보다 더 강하게 키울 수 있는 것은 근신경적응이 일어나기 때문이다. 파워는 근력에 속도가 더 해진 능력으로 임팩트 시 골프공을 더 멀리 날려보낼 수 있는 능력이다.

골프도 스포츠이고 근력의 약화로 인해 손상을 받게 된다. 따라서 근력 트레이닝을 수행하여야 하는 것은 당연하다. 여기에서 제시하는 근력 트레이닝은 다음 장에서 제시하는 파워 트레이닝의 기초가 된다. 파워 트레이닝은 폭발적인 힘과 동적 근력을 향상시키기 위해 고안되었으며 이러한 트레이닝을 통해 드라이브 비거리가 증가할 것이다. 근력 트레이닝이 되어 있지 않으면 파워 트레이닝을 진행할 수 없으므로 반드시 근력을 먼저 키워야 한다.

◆ 골프에 필요한 근력

근력 트레이닝을 하는 동안 컨디셔닝 프로그램을 체육관이나 집에서 병행하는 것이 좋다. 이 책에서 제시하는 근력 트레이닝 프로그램은 일주일 프로그램이 아니다. 트레이닝 하는 동안 트레이닝 날짜와 필드에 나가는 날이 겹칠 수도 있다. 이런 경우 필드에서 골프를 한 다음 트레이닝을 하는게 좋다. 만약 트레이닝을 먼저 하고 필드를 나갈 경우 근육 피로로 인해 제대로 게임을 못할 수 있기 때문이다.

◆ 트레이닝과 휴식의 적절한 배분

모든 사람이 다 똑 같은 수준의 근력을 가지는 것이 아닌 만큼 트레이닝의 강도나 빈도도 차이가 날것이다. 또한 어떤 사람은 낮은 무게로 많은 회수의 운동을 선호하고 또 다른 사람은 높은 강도로 적은 회수를 하고자 할 것이다. 이런 경우 과 운동(overtraining)을 주의해야 한다. 모든 것에서 과 한게 부족한 것보다 못하다. 골프에서도 과 운동으로 인해 자주 비거리가 줄거나 부상으로 골프를 더 이상 못하는 경우도 있다. 이러한 과 운동을 막기 위해서 근력 트레이닝의 4주 동안은 절반 정도의 운동량으로 트레이닝을 한다. 이렇게 함으로써 신체는 쉽게 회복이 될 것이고 다음 단계로 진행하기 전에 몸은 충분히 강하게 준비될 것이다.

◆ 근력 트레이닝에 필요한 도구는 다음과 같다.

근력 트레이닝 단계에서는 전문적인 도구나 기구가 필요하기 때문에 가급적이면 전문 센터를 이용하는 게 좋다.

케이블 크로스 머신, 막대 봉, 스텝 박스 또는 벤치, 올림픽 바 또는 무게 원판, 데드 리프트를 수행하기 위한 트레이닝 받침대, 짐볼, 덤벨, 목욕 타올 혹은 허리 지지대

* 케이블 크로스 머신 운동

다운 스윙에서 스피드를 내기 위해서는 클럽을 최대한 빨리 끌어 내릴 수 있는 근력이 필요 하며
이러한 근력을 키우기 위해서는 스윙 모션에 가까운 동작으로 운동을 해야 할 것이다. 따라서 케이블 크로스 운동은 골프 스윙에 아주 근접한 모양을 만들어 내고 있어서 스윙 스피드 향상에 도움이 된다. 부상 위험이 있으므로 자신의 운동 레벨에 맞는 무게를 가지고 운동을 해야 하며 필요한 경우에는 전문가의 도움을 받아야 할 것이다.

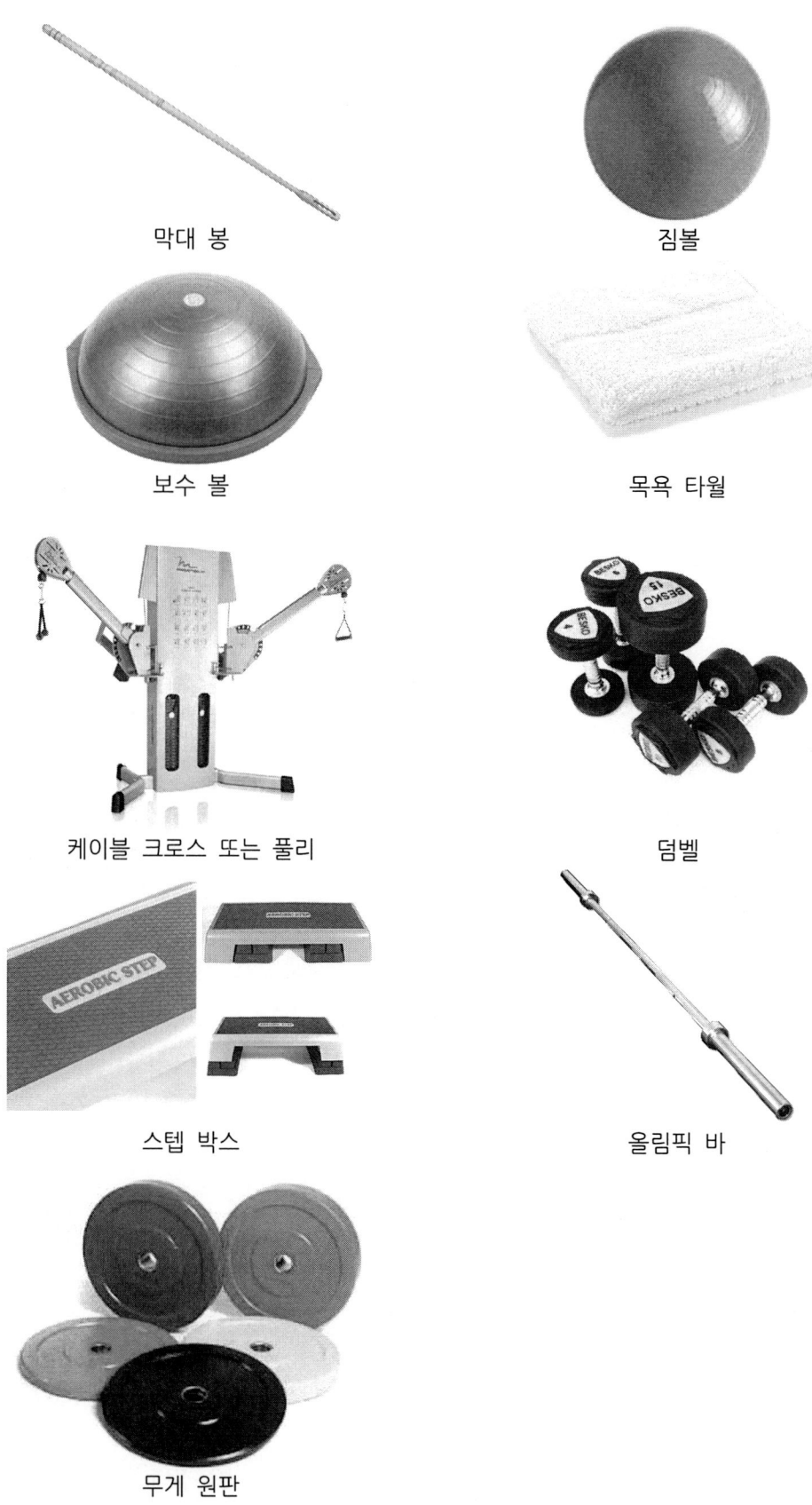

◆ 어깨 근력 트레이닝

어깨 근력 트레이닝은 어깨의 회전근육과 가슴근육, 광배근, 팔 근육을 강화시켜 골프 스윙 시 그립을 확고하게 유지하고 다운스윙과 임팩트 통안 파워를 향상시켜 효율적인 스윙을 완성하는데 도움을 준다. 또한 이러한 트레이닝을 통해 골퍼에게 발생하는 상해를 예방할 수 있다.

■ 짐볼에 누워 덤벨 프레스

운동	휴식	강도	반복회수	운동속도	세트
짐볼에 누워 덤벨 프레스	오른쪽/ 왼쪽	-2	8~10	102	2~4

짐볼에 누워 원암 덤벨(또는 토닝볼) 프레스는 통합적으로 몸을 단련시킴으로 기능적으로 잘 조절된 균형 능력을 갖게 하여 골프를 보다 쉽게 할 수 있다.

큰 짐볼을 이용해 정상보다 약간 공기압을 줄인다. 짐볼을 이용하여 덤벨 프레스를 하면 벤치프레스를 이용할 경우 원하지 않는 범위 이상으로 어깨가 내려가 인대나 근육이 손상되는 것을 예방할 수 있다.

즉 짐볼 그 자체가 운동범위를 자연스럽게 제한하기 때문이다. 때문에 많은 재활 트레이너는 운동치료 목적으로 벤치프레스를 사용할 수 없는 사람이거나 혹은 위험 부담이 있는 사람에게는 짐볼에서 운동을 시키고자 한다. 처음에는 낮은 무게의 덤벨을 잡고 운동방법을 익힌다. 운동이 익숙하면 덤벨의 무게를 증가시키는데 2 개 더 할 수 있는 수준의 무게를 정하여 운동을 한다.

덤벨을 들고 짐볼에 앉는다. 짐볼을 허리, 등쪽을 천천히 굴려 어깻죽지와 머리가 짐볼에 의해 지지될 수 있도록 한다. 골반을 들어올려 가능하면 어깨와 수평을 맞춘다. 덤벨을 위로 수직으로 밀어 올린다. 팔의 운동범위는 자연스러워야 한다. 1 초 밀어 올리고 2 초간 내린다. 이렇게 완전히 회수를 끝내면 반대 팔을 수행한다. 머리가 짐볼 밖으로 떨어지게 하지 않도록 한다.

■ 스탠딩 원암 케이블 푸시

운동	휴식	강도	반복회수	운동속도	세트
스탠딩 원암 케이블 푸시	1분 30초	-2회	8-12	202	1~3

골프에서 중요한 점은 팔과 몸통, 다리근력을 효과적으로 통합하는 능력에 있다. 만약 매트운동이나 크런치 기구를 통해 강한 복근을 만들고 레그 익스텐션이나 레그 프레스를 통해 강한 다리 근력을 증가시키고, 벤치 프레스를 통해 강한 팔 근력을 키운다 하더라도 골프에서는 좋은 경기력을 가져다 준다고 보장할 수 없다. 골프 상황에서는 뇌가 이러한 독립된 과정을 통해 습득된 근육을 통합하는데 어려울 수 있기 때문이다. 따라서 하나로 조직화된 통합 운동을 통해 근력을 향상시키는게 더 바람직하다.

스탠딩 원암 케이블 푸시는 뇌에게 다음과 같은 자극과 훈련을 시킨다. 즉, 외부저항에 대항하여 신체를 안정화시키는 능력과 다리, 몸통, 팔을 하나로 통합하며, 골프 스윙 시 요구되는 골반, 어깨 주변부, 중심 안정화 근육을 사용하도록 한다.

케이블 풀리를 어깨보다 약간 높게 설정하여 풀리를 당기는 한쪽 팔과 반대쪽 다리를 앞으로 하여 안정되게 선다. 무릎을 살짝 구부리고 팔꿈치의 처음 위치와 앞으로 밀 때 어깨 높이와 수평이 유지되도록 한다. 처음 시작 동작은 어깨와 팔이 뒤로 젖혀지면서 몸통이 살짝 외회전하도록 하고 케이블 손잡이를 앞으로 밀 때 몸통이 다시 내회전하여 몸통과 어깨, 팔이 종합적으로 사용되도록

한다. 움직이는 힘이 몸통에서 밖으로 발산되도록 하는 것이 중요하다. 이 운동을 하는 동안 일반적인 잘못된 동작은 팔만 앞으로 뻗는 것이다. 팔이 몸통의 일부로 생각하면 이러한 잘못된 동작을 교정할 수 있다. 운동은 2초 2초 속도로 8~12번 반복한다. 운동강도는 칼럼에 -2라고 제시한 것과 같이 12번을 수행하고 2번을 더 할 수 있도록 여유 강도를 정한다. 이렇게 약간의 여유가 있어야 동작을 정확하게 수행할 수 있다. 만약 정확한 동작을 2번 더 할 수 없다고 느낀다면 강도를 낮추는 게 좋다. 이 운동은 준비운동을 가볍게 시작한 다음 본 운동(1~3세트)으로 진행하도록 한다. 즉, 처음에는 준비운동으로 50~60% 수준으로 1세트를 끝낸 다음 본 운동을 8~12번을 할 수 있는 능력(추가 두 번을 더 할 수 있는 강도)으로 1~3세트를 수행한다.

■ 우드 촙(케이블 대각선 내리기)

운동	휴식	강도	반복회수	운동속도	세트
우드 촙	오른쪽/왼쪽	-2 회	10	202	1~3

우드 촙 운동은 도끼로 나무를 찍는 모양을 따서 이름이 지어졌다. 어깨의 굴곡/신전/몸통의 회전 근육을 효과적으로 발달시킬 수 있어 다른 스포츠에서도 많이 응용된다. 즉 공을 던지는 스포츠나 하키, 투창, 유도등의 스포츠에서도 좋은 운동이 된다. 우드 촙 동작은 어깨, 몸통의 회전과 같이 몸을 회전 시키는 운동의 통합적 형태로 뇌에서 같은 유형의 동작을 인식하여 운동 근육을 일반화시킬 수 있다.

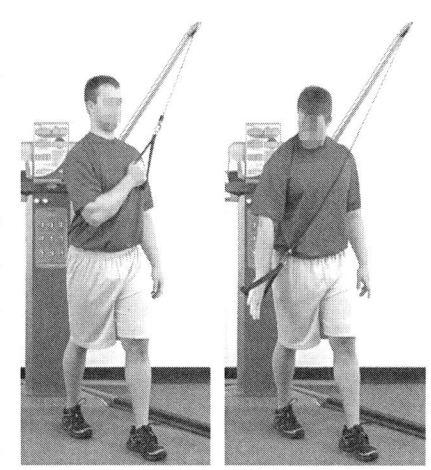

골프에 적용한다면 백 스윙의 탑에서 임팩트 순간에 발생하는 클럽 헤드의 스피드는 같은 범위 및 궤적을 가진 우드 촙 운동을 통해 향상될 것이며 이로 인해 드라이브의 파워와 중간 거리의 샷을 향상시킬 수 있는 기초가 된다.

헬스클럽의 어떠한 복부 강화기구도 우드 촙으로 얻어지는 복부 안정화 근력과 비교할 수 없을 정도로 허리 회전력이 약한 사람에게 좋은 운동이다. 허리 회전력이 약하면 다리나 팔을 과 사용하면서 부상의 위험이 더 높아지며 결국 골프 엘보우나 손목의 부상이 초래되기도 한다. 이 운동을 하기 위해서는 크로스 오버나 케이블 머신이 필요하다. 케이블 풀리를 크로스 오버의 가장 높게 두고 그림과 같이 두 손을 사용해 가슴을 가로질러 대각선으로 손잡이를 잡는다.

처음 한쪽방향으로 회전하고자 한다면 한쪽손을 이용해 손잡이(핸들)를 잡고 수행하거나 양손을 겹쳐 잡고 수행할 수도 잇다.

어깨 넓이나 약간 넓게 발을 벌리고 서서 어깨 위에서 배꼽 쪽으로 케이블을 당긴다. 바깥쪽에서 안으로 들어오듯이 회전력을 가져야지 어깨, 팔의 힘으로만 동작을 수행할 경우 효율적이지 못하고 오히려 역으로 힘이 실려 어깨와 팔이 손상을 받을 수도 있다. 마치 손잡이를 반대쪽 주머니에 넣는 것처럼 몸을 가로질러 대각선으로 손잡이를 당긴다. 오른쪽 주머니 약간 바깥쪽에서 동작이 끝나도록 한다.

동작을 수행할 때 골반이 옆으로 흔들려 이동하지 않도록 주의한다. 또한 상체가 앞으로 숙여지지 않아야 한다. 운동 속도는 2초 2초로 당길 때 2초 다시 처음 동작으로 돌아갈 때 2초를 유지한다. 강도를 나타내는 칸에 -2 회라고 한 것은 10번을 하고도 자세가 틀어짐이 없이 정확하게 2회를 더 할 수 있는 강도를 뜻한다. 이러한 이유는 앞에서 설명한 바와 같이 10번 반복하고자 할 때 10회의 강도로 운동을 할 경우 마지막으로 갈수록 자세가 틀어지며 뇌는 그러한 나쁜 자세를 인식하게 된다. 항상 기억해야 할 것은 잘못된 동작은 결국 잘못된 결과를 초래한다는 것이다.

◆ 우드 촙의 향상단계

골반의 움직임 없이 우드 촙 운동을 3~4회 트레이닝 세션을 마친 다음엔 하체를 역동적으로 움직이면서 운동을 할 수 있도록 한다. 골프클럽 스윙을 할 때를 생각해보면 허리를 회전할 때 다리와 팔이 독립된 움직임이 아닌 협동 작용을 통해 움직인다는 것을 알 수 있다. 그림과 같이 케이블을 당길 때 런지 자세를 유지하며 코어가 무너지 않도록 주의해야 하며 항상 배꼽 쪽으로 케이블을 당기는 것으로 시작하고 팔이 몸통의 일부로서 작용해야 한다는 것이다.

■ 리버스 우드 촙 (로프)

운동	휴식	강도	반복회수	운동속도	세트
리버스 우드 촙	오른쪽/왼쪽	-3회	6~8	202	1~3

리버스 우드 촙 운동은 우드 촙 운동에서 가질 수 있는 이점을 가진다. 뉴턴이 말한 작용과 반작용의 원리를 적용하지 않더라도 투수가 빠른 공을 던지기 위해 체간의 회전과 팔을 꺾는 동작이나 하키에서 슬랩 샷(스틱을 조금 흔들어 퍽으 강하게 침)을 하기 전에 팔을 와인드업 하거나, 골프에서 다운스윙을 하기 전 백 스윙을 해야 하는 것과 같이 한 동작이 일어나기 위해서는 반대 동작이 이루어져야 하는 것과 같이 반대 방향의 근육을 강화하는 트레이닝은 충분히 효과가 있다.

흉추(등쪽의 척추) 부위의 유연성이 없다면 이 운동을 한 후 어깨 통증이 유발될 가능성이 높다. 흉추 신전 검사로 자신을 먼저 점검하는 게 좋다. 리버스 우드 촙은 스프링과 같은 기전으로 허리 회전능력(인체 코일)을 향상 시키는 운동이다.

케이블을 제일 낮은 단계로 내려서 몸 바깥쪽 손으로 먼저 손잡이를 잡고 다른 손을 겹쳐 잡는다. 발의 넓이는 어깨보다 약간 넓게 유지한다.

허리가 돌지 않도록 하는 게 중요한데 비 정상적으로 허리가 돈다면 허리 디스크에 무리가 가해진다. 허리의 굴곡을 잃지 않기 위해 보조적으로 키네시오 테이핑(스포츠 테이핑)을 하는 것도 도움이 된다.

시작하는 위치에서 호흡을 깊게 들어 마시고 배는 안으로 넣는다. 몸을 펴면서 풀리를 대각선으로 끌어 올린다. 처음 시작할 때의 체중분배는 케이블에 가까운 안쪽 다리에 70% 바깥쪽 다리에 30%정도 배분하면서 풀리를 끌어 올린 위치에서 바깥쪽 다리에 70% 안쪽 다리에 30%로 체중을 이동하도록 한다.

운동 계획표에 보면 -3 회라고 되어있는 것처럼 정확하게 동작을 수행하는 것이 중요하다. 또한 이 운동에서 힘을 너무 쓰게 되면 다음 운동을 할 수 없을 정도로 근육의 피로감이 올 수 있으니 강도를 조절한다. 컨디셔닝의 첫 번째 단계는 근력을 키우는 것뿐만 아니라 신경계 적응 또한 중요한 요소이다. 즉, 컨디셔닝 프로그램은 근육의 강화뿐만 아니라 정확하게 동작이 수행되어야 하며 이 운동을 통해 부상이 유발되지 않도록 해야 한다.

■ 어깨 외회전 운동

운동	휴식	강도	반복회수	운동속도	세트
어깨 외회전 운동	오른쪽/왼쪽	-2 회	* 8~12	303	1~3

골퍼에게 어깨 회전근육중 극하근과 소원근은 특히 중요하다. 그림은 어깨 외회전 운동을 중립자세에서 수행하는 것과 견갑면에서 수행하는 것이다.

이 두 근육의 강화는 골퍼의 어깨 회전근 손상을 예방할 수 있는 수단이 되기도 한다. 만약 운동을 수행하는데 있어 어깨 통증이나 불편함으로 8 번을 할 수 없다면 강도를 낮추어 12~20 번을 진행한다. 또한 이 운동을 수행하는 동안 운동 후 근육통과는 다른 어깨 통증이나 불편함이 있다면 정형외과 진료를 받아보는 것이 좋다. 운동을 수행할 때 그림과 같이 두 자세는 트레이닝 하는 날을 바꾸어가면서 한번은 중립위치에서 한번은 견갑면에서 수행한다. 이렇게 함으로서 짧은 시간 내 어깨 회전근육을 강화시킬 수 있다.

■ 트레이닝 첫 번째 세션

운동	휴식	강도	반복회수	운동속도	세트
무릎 굽혀 엎드려 복부운동	1 분이하		10 회	10/10	1~3 세트

 중립위치의 어깨 외회전 운동을 한다. 이 자세는 위팔을 안정적으로 몸 옆에 붙이고 팔꿈치는 90 도를 유지한다. 케이블 손잡이를 팔꿈치 높이까지 바닥과 수평으로 하여 조정한다.

 처음 시작자세는 손잡이를 몸을 가로질러 가슴 아래 앞쪽에 붙이고 밖으로 회전하면서 운동을 수행한다. 이때 팔과 팔꿈치가 흔들리면 어깨 회전근육이 사용되는 게 아니라 삼각근이 사용될 수 있으니 주의해야 한다. 만약 팔이 자꾸 흔들리면 작은 공을 위팔과 몸 사이에 끼우고 수행하면 도움이 된다.

■ 트레이닝 두 번째 세션

팔을 옆에서 앞으로 30~45 도 위치시키고 60~80 도 정도 위로 들어올린다(어깨 높이보다 약간 낮은 위치). 케이블 풀리 손잡이 위치를 무릎 정도의 높이로 조정하고 손바닥의 위치가 바닥으로 향한다. 손잡이를 수직으로 들어올리는데 이때 운동 속도는 3 초 3 초를 유지한다. 즉, 3 초간 수직으로 들어올리고 3 초간 수직으로 내린다. 상체를 세운 채 유지하여야 하고 팔과 어깨가 흔들리면 안 된다.

■ 대각선으로 어깨 외회전 운동

운동	휴식	강도	반복회수	운동속도	세트
대각선으로 어깨 외회전 운동	오른쪽/왼쪽	-2 회	8~10	102	2~3

 이 운동은 어깨 외회전의 향상된 운동이다. 그림과 같이 케이블 손잡이 높이를 가장 낮게 설정하고 손잡이를 잡고 있는 손이 케이블 바깥쪽으로 하여 선다.

 케이블 손잡이가 몸을 가로질러 골반 아래쪽 위치에 손을 두고 시작한다. 운동을 하지 않는 반대쪽 손은 주머니 위치에 손바닥을 대고 선다. 케이블을 수평에서 45 도 수준으로 당겨
올리는데 이때 손바닥이 앞을 향하도록 한다(엄지손가락이 하늘을 향한다). 수평위치 약간 아래 80 도 지점의 외전에서 팔을 바깥쪽으로 외회전 시키는게 아주 중요한데 이는 불필요한 어깨 충돌을 예방하기 위한 방법이다. 한쪽 어깨운동이 끝나면 반대쪽 어깨운동을 수행한다. 2~3 세트를 완전히 수행할 때까지 이 과정을 반복한다. 처음에는 1 세트를 먼저하고 운동 후 근육통이 없다면 3 세트까지 운동을 늘려간다.

■ 어깨 내회전

운동	휴식	강도	반복회수	운동속도	세트
어깨 내회전	오른쪽/왼쪽	-1 회	8~12	202	1~3

어깨 내회전 운동은 어깨 회전근육의 하나인 견갑하근과 가슴근육(대흉근, 소흉근), 어깨 앞쪽 전삼각근을 강화시킨다. 비록 180 도 팔을 들고(외전) 운동을 하는 것이 견갑하근이 더 활성이 되지만 골프 컨디셔닝에서의 견갑하근은 중립위치의 내회전에서 더 중요하다.

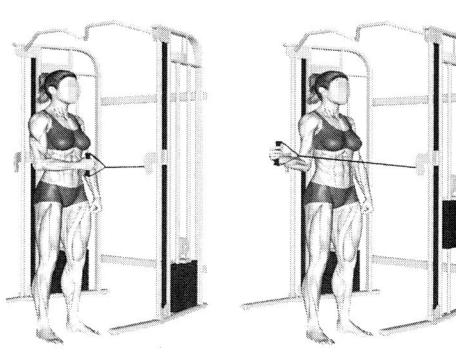

어깨 외회전 운동에서 언급한 것과 같이 어깨 내회전 운동 또한 중립위치나 어깨를 외전 시켜 교차적으로 운동을 해도 좋다.

케이블 높이를 팔 높이로 조정한다. 팔을 90 도 굽히고 케이블 손잡이를 몸의 옆에서 잡아 장력을 유지한다. 몸통이나 허리가 회전 되지 않고 팔만 밖으로 돌아서 몸통과 수평위치까지 운동범위를 유지한다. 회전축에서 전완의 팔(팔꿈치 아래쪽)만 회전하기 힘들고 위쪽 팔이 따라돌면 작은 공 혹은 메디신 공을 이용해 팔과 몸통 사이에 끼우고 하면 도움이 된다. 3 초 3 초의 운동 속도를 유지하면서 한 세트 운동보다 한번 더 할 수 있도록 여유강도를 둔다.

다음 단계로 그림과 같이 어깨를 옆으로 수평 위치보다 약간 낮게 올리고 (어깨 외전), 앞으로 30~45 도 위치시킨다(수평 내전). 중립위치 운동과 같이 위팔(상완)은 고정된 채 아래팔(전완)을 머리 쪽에서 앞으로 내린다. 운동 속도와 강도는 같다.

■ 대각선으로 어깨 내회전 운동

운동	휴식	강도	반복회수	운동속도	세트
대각선으로 어깨 내회전 운동	오른쪽/왼쪽	-1 회	8~10	103	2~3

이 운동은 어깨 내회전의 향상된 운동이다. 그림과 같이 케이블 손잡이 높이를 가장 높게 설정하고 손잡이를 잡고 있는 손바닥이 앞으로 향하도록 선다. 운동을 하지 않는 반대쪽 손은 주머니 위치에 손바닥을 대고 선다.

몸통을 가로질러 팔을 내회전 하면서 케이블을 당기는데 운동이 끝나는 지점에서 마치 엄지 손가락이 반대쪽 주머니에 넣듯이 손바닥 위치가 골반을 반대로 한다. 한쪽 어깨운동이 끝나면 반대쪽 어깨운동을 수행한다. 끊김 없이 부드럽게 한 번을 수행해본다. 케이블을 당겨 내리는데 문제가 없다면 내릴 때 1 초 올릴 때 3 초를 유지하면서 수행한다. 한번의 여유강도를 두고 2 세트 혹은 3 세트를 수행한다.

■ 원암 하이 케이블 로우 & 로우 앤 리치

운동	휴식	강도	반복회수	운동속도	세트
원암 하이 케이블 로우	오른쪽/왼쪽	-1 회	8~12 회	202	1~3 세트

원암 하이케이블 로우는 스탠딩 원암 케이블 푸시와 비슷한 방법의 운동이다. 손잡이를 잡은 쪽 팔과 발은 교차하여 케이블을 잡는다. 케이블 쪽으로 팔을 옮기는데 허리의 회전은 거의 없어야 하며 케이블을 당길 때는 하체는 안정되게 고정되고 어깨와 팔이 하나의 구조물과 같이 움직여야 한다. 케이블을 당기는 동작에서 가볍게 복횡근이 수축되면서 배꼽이 허리 쪽으로 돌게 된다. 우드촙 운동과 스탠딩 원암 케이블 푸시와 같이 팔은 몸통의 연장선에서 움직여야지 따로 팔 힘만으로 운동이 되어서는 안 된다. 뒤로 케이블을 당길 때 전완의 팔(앞쪽 팔)은 일직선을 유지하도록 한다. 즉, 팔꿈치가 팔의 위치에서 내려가거나 높이 있지 않도록 해야 팔꿈치와 손목의 건염을 예방할 수 있다. 운동은 한쪽을 끝내고 반대쪽을 수행하는데 첫 번째 세트에서 12 번을 수행하고 한번을 더 할 수 있는 여유를 가지고 강도를 정한다. 운동을 하는데 크게 무리 없다면 오른쪽 왼쪽을 쉬지 않고 순환방식으로 진행하도록 해본다.

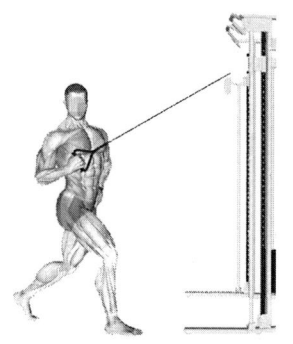

원암 하이케이블 로우를 하는데 지장이 없으면 더 나아가 케이블 로우 앤 리치를 진행한다. 이 운동은 조금 더 통합적 운동으로 기술적으로 당기고 미는 동작이 추가된다. 이때 풀리를 당기기 전 시작 단계에서는 체중이 앞쪽에 있다가 케이블을 당길 때는 체중이 뒤에 있는 다리로 전달되도록 한다. 케이블을 잡은 반대쪽 팔을 앞으로 뻗어 균형을 잡는 것은 척추관절을 정확하게 기능하도록 유지하면서 허리 회전근을 자극하는 효과가 있다. 이러한 능력은 골퍼에게 아주 중요한데 척추관절이 너무 경직되어 있다면 드라이브 비거리를 감소시킬 뿐만 아니라 보상적으로 어깨를 과하게 쓰다 보면 어깨 손상을 입을 수도 있기 때문이다.

어깨가 안정성을 유지하기 위해서는 극하근과 소원근이 중요하다. 어깨는 동작 범위가 매우 넓고 불안정성한 관절이므로 주위 근육 특히 어깨 회전 근육의 역학적 안정성 역할이 중요하다. 이 근육을 강화시키고 꾸준히 근력과 골프 연습을 병행하면 골프 스윙이 더 이상 어깨에 무리를 주지 않을 것이다.

드라이버 스윙은 부드러우면서도 경쾌하게 보이지만 골프 클럽의 회전 반경이 크고 헤드 스피드가 빠르기 때문에 임팩트 양이 크다. 또한 이 모든 충격은 몸이 흡수를 해주어야 하므로 다른 아이언에 비해 어깨에 충격이 많이 간다. 따라서 쉬지 못하고 반복하는 연습의 경우 스윙 횟수를 서서히 늘려가야 한다.

어깨의 경우 적극적인 활동을 하는 청소년기가 아니라면 그 이후 나이가 들면서 회전근육의 위축이 오는 것이 당연하다. 골프 스윙의 팔로우 스로우 시에 이 근육의 충격 흡수로 인한 스윙의 감속 작용이 원활해야 하나 약한 경우 무리가 가기도 한다. 서서히 진행하면서 연습하면 근육이 훈련이 되지만 그렇지 않으면 손상이 발생한다. 그러므로 몸 전체의 유연성과 근육을 풀어주는 운동을 하고 어깨 회전 근육을 강화해주어야 한다.

어깨 회전근 특히 외회전 근육은 tuner 라고 별명이 붙을 만큼 아주 중요하다. 극상근과 극하근을 가벼운 배드민턴 채를 우측에 들고 백핸드 연습을 좀 해 보고 좌측 손에 잡고 백 핸드 연습을 해 보면 그 근육의 동작을 이해 할 수 있다. 가벼운 지팡이 정도 들고 연습해도 좋다. 어깨가 강하다면 좀더 저항이 있는 튜빙도 좋다. 야구의 투수들이 많이 하는 운동이다.

◆ 몸통 근력 트레이닝

인체의 부위 중 복부와 허리는 파워존(power zone)이라고 할 정도로 큰 힘을 발휘하며, 코어 근육(core muscle)으로 상체의 회전력을 하체에 전달하는데 중요한 역할을 담당한다. 몸을 비틀어(coil) 푸는(uncoil)운동인 골프에서 몸통 근력이 약하면 허리에 무리한 힘을 견디지 못하여 결국 허리부상을 초래하고 만다.

◆ 정적 복부 안정성

정정 복부 안정성은 외부 힘에 대해 몸의 정렬을 유지하는 능력이다. 브리지 운동은, 동작을 하는 동안 중력이나 외부의 추가된 무게에 대해 흔들지지 않고 안정적으로 자세를 유지하려는 정적 안정성 운동의 좋은 예다. 팔과 다리를 이용해 골반을 들어올려 체중을 유지하는데 만약 복부주변 근육이 약하다면 골반을 더 이상 수평으로 올리지 못하고 바닥으로 떨어뜨릴 것이다. 흔히들 복부 주변 근육을 파워 하우스라는 표현을 하거나 코어라고 한다. 라운딩 전 후로 이러한 복부 안정성 운동을 한다면 복부 근력이나 근지구력을 향상 시킬 수 있다.

◆ 동적 복부 안정성

동적 복부 안정성은 정적 자세에서 다양한 근육과 관절을 통합하여, 외부저항력에 대해 복부 주변근육을 사용하여 안정성을 유지하는 능력을 말한다.
예를 들면, 푸시 업을 하는 동안 복부근육은 자세를 안정시키면서 몸의 정렬을 유지하게 한다. 가슴, 어깨, 팔의 근육이 체중을 분담하여 바닥에서 다시 시작위치로 돌아는 동안 복부의 근육은 등과 골반이 바닥에 떨어지지 않도록 자세를 잡아준다. 동적 복부안정성 운동을 하는동안 에너지 소모가 많은데 이는 지방을 연소시키는데도 도움이 될 것이다.

■ 짐볼 위에서 골반 들어올리기

운동	휴식	강도	반복회수	운동속도	세트
짐볼 위에서 골반 들어올리기	1 분		8~12	303	2~3

짐볼 위에서 골반 들어올리기는 밸런스와 근력을 더욱 향상시킬 것이다. 표에 제시된 회수를 하는데 무리가 없다면 무게 원판을 복부에 두고 3 초 3 초의 운동속도로 수행하도록 한다.

먼저 짐볼에 앉아 어깨와 머리가 짐볼에 지지되도록 짐볼을 등쪽으로 굴린다. 뒤꿈치를 이용하여 골반을 들어올린다. 바닥으로 엉덩이를 내린다. 이 운동을 통해 둔근(엉덩이 근육)이 사용되도록 한다. 정강이는 항상 수직이어야 한다.

만약 짐볼 위에서 골반 들어올리기를 한 다리를 들고 수행한다면 더욱 더 큰 균형능력과 협응력이 필요할 것이다. 만약 최경주나 양용은과 게임을 해서 이기고자 하고자 한다면 적어도 이 정도 운동을 무난히 수행 해내어야 할 것이다. 그러나 내 몸을 속임수 없이 제대로 사용하고 싶다면 두 다리를 이용해 골반 올리는 운동만으로도 충분하다.

■ 러시안 트위스트(Russian Twists)

운동	휴식	강도	반복회수	운동속도	세트
러시안 트위스트		-2 회	8~10	천천히/중간	1~3

러시안 트위스트는 골프에서의 몸통 회전력을 강하게 하고자 하는 코어 트레이닝이다. 이 운동은 몸통에서 코르셋 역할을 하는 복횡근 긴장을 유지하면서 복사근을 강화시키는 운동이다.

고관절과 무릎을 90도 굽혀 발이 닿지 않도록 하면서 바닥에 앉는다. 케틀벨이나 메디신 볼을 가슴 앞으로 들고 몸통을 좌우로 회전한다. 이때 골반이 돌아가지 않아야 한다.

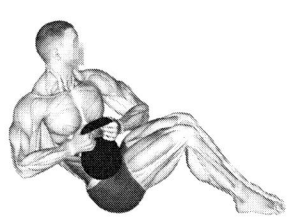

팔은 너무 앞으로 뻗지않아도 되며 가볍게 대퇴 앞부분에 위치시킨다. 케틀벨이나 메디신 볼 무게는 8번을 회전하는데 있어 2번의 여유가 있는 무게 강도를 정한다. 운동 속도는 천천히 하고 익숙해지면 속도를 중간 정도로 한다.

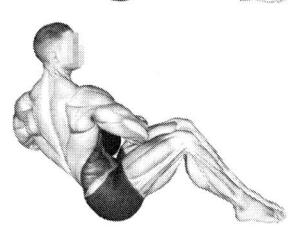

좌 우 회전을 1회로 하여 8~10회 정도를 3세트까지 수행한다.

■ 메디신 볼 트위스트

운동	휴식	강도	반복회수	운동속도	세트
메디신 볼 트위스트	1분	-2회	8~10	천천히/중간	1~3

메디신 볼 트위스트는 러시안 트위스와 운동원리는 같으나 근육의 사용정도가 다소 다르다. 이 운동은 무릎 사이에 메디신 볼이 빠져나가지 않도록 하는데 있어 고관절 내회전근, 내전근이 사용되면서 하복부의 근육과 몸통 회전근육을 강화시킨다.

바닥에 누워 무릎을 90도 굽혀 메디신 볼을 무릎 사이에 끼운다. 상체를 고정하고 골반과 무릎을 좌우로 회전시킨다. 운동속도는 천천히 수행하며 만약 공이 빠져나간다거나 8번을 수행하지 못할 것 같으면 메디신 볼의 무게를 낮추거나 작은 공으로 바꿔서 시작한다.

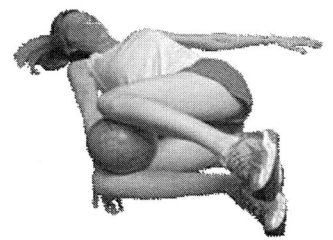

■ 서서 몸통 회전(Standing Trunk Rotation)

운동	휴식	강도	반복회수	운동속도	세트
서서 몸통 회전	오른쪽/왼쪽		12~15	212	1~3

어깨 넓이로 서서 케이블을 어깨보다 낮은 위치에서 잡는다. 천천히 상체를 오른쪽이나 왼쪽으로 회전한다. 다시 천천히 반대쪽으로 회전한다. 한번의 회전을 1회로 하여 12~15회를 수행한다.

◆ 몸통 회전(Trunk Rotation)운동 향상단계

골프에서는 회전과 몸의 정렬이 중요하다. 백 스윙을 하는 동안에도 어드레스에서의 상체를 굽히는 각도(약 25도)를 그대로 유지하면서 상체의 정렬이 유지되는 것이 중요하다. 따라서 골프 클럽을 들고하는 몸통회전은 복부 안정화근육을 향상시키면서 백 스윙과 팔로우 스로우시의 척추정렬을 유지하는데도 도움이 된다.

골프 클럽을 어깨 뒤로 수평으로 잡는다. 천천히 골프 스윙 동작과 같은 패턴으로 백 스윙과 팔로우 스로우 동작을 수행한다. 15~20회를 반복한다. 1분 휴식 한 후 오른 손 골퍼는 마치 왼손 골퍼처럼 방향을 바꾸어 백 스윙에서 팔로우 스로우를 수행하며 왼손 골퍼는 오른손 골퍼와 같이 스윙 연습을 수행한다. 15~20회를 수행한다. 1세트 수행 후 점차 3세트까지 진행한다.

■ 수건 고리를 이용한 골반 이동

운동	휴식	강도	반복회수	운동속도	세트
수건 고리를 이용한 골반 이동		-1 회	8~10	103	1~3

수건 고리(또는 스파이럴 스트랩)를 이용한 골반 이동은 골반과 다리로부터 발생하는 골프의 드라이브 능력을 향상시키기 위해 고안되었다.

골프 프로선수들도 때로는 어떻게 정확한 기전으로 수행하여야 할 지 모를 경우 이 능력이 떨어질 수 있다. 연구자들은 하체로부터 54%의 힘과 51%의 역학에너지가 어깨/팔로 전달된다고 한다. 드라이브 비거리를 더 멀리 보내기 위해서는 다리와 몸통이 강해야 더 큰 힘을 발생시켜 팔이 효과적으로 스윙을 할 수 있게끔 한다. 이런 이유로 아마추어든 프로골퍼든 만약 그들의 몸통(core strength)과 다리가 강하지 않다면 팔 스윙 시 손목과 팔이 손상 받게 된다. 그림과 같이 케이블 높이를 골반에 위치시킨다.

수건을 손잡이를 감싸 바깥쪽 손으로 잡고 마치 어프로치 스탠스 처럼 선다. 케이블에 가까운 팔을 백스윙의 탑과 같이 한다. 만약 운동을 정확히 수행 하고자 한다면 양손을 다 쓰는 사람처럼 훈련을 한다. 백스윙 탑의 자유로운 손을 다운스윙과 팔로우 스로우를 할 때 다리와 골반이, 골프 클럽을 들고 스윙을 할 때의 타이밍과 스피드와 같은 패턴으로 수행하여 케이블 저항을 이겨내도록 한다. 운동속도는 1초간 다운스윙, 팔로우 스로우를 하고 3초간 처음 자세로 돌아가도록 한다. 1번의 여유 강도로 운동을 끝내고 반대쪽을 수행한다. 한 세트를 수행하고 적응한 다음 점차 3세트를 마치도록 한다.

■ 짐볼 측굴운동

운동	휴식	강도	반복회수	운동속도	세트
짐볼 측굴운동		-2 회	6~8	303	1~2

짐볼 측굴운동은 골퍼의 복부와 허리 중심부 근력(core strength, bulletproof)을 강화시키는 운동이다. 그림과 같이 옆으로 골반 아래쪽에 짐볼을 두고 두 다리를 바닥에 고정한다.

위에 있는 다리를 최대한 펴서 몸통, 어깨, 머리와 같은 선에 위치시키고 볼 옆으로 누어 복사근(허리옆구리 근육)을 스트레칭 시킨다. 초보자는 처음에는 팔을 옆에 붙이고 점차 가슴에 두거나 귀에 붙인다. 상체를 짐 볼 아래에 누어 허리를 세우면서 편다. 머리, 어깨를 완전히 세우고 다시 짐볼에 상체를 굽힐 때까지를 1 회로 한다. 운동속도는 3 초 3 초로 멈추지 않고 여유강도는 2 회로 6~8 번을 한다. 보통의 경우 복사근이나 허리 깊숙이 있는 요방형근은 운동을 잘 하지 않는 근육으로 처음에는 1 세트만 끝내고 적응이 되면 세트를 늘려간다. 한쪽 편을 끝내면 반대편을 수행한다.

■ 짐볼 케이블 크런치

운동	휴식	강도	반복회수	운동속도	세트
짐볼 케이블 크런치	1 분 30 초	-2 회	10~15	천천히/중간	2~5 세트

짐볼을 이용한 케이블 크런치는 복부 앞쪽에 있는 복직근이라는 근육을 강화시키는 운동이다. 흔히 복부의 선을 형성하기 때문에 王자 근육이라고 한다. 처음 하는 사람은 케이블 없이 체중만을 이용해서 수행하며 점차 무게 원판이나 메디슨 볼을 이용해 강도를 높일 수 있다. 케이블을 이용할 경우 보다 강한 힘이 필요하기 때문에 여유 강도를 2 회 정도 두고 무게를 설정한다. 케이블의 위치는 가장 낮게 설정한다.

케이블을 잡고 짐볼에 무릎을 90 도로 굽혀서 눕는다. 골반을 들어올려 어깨, 골반, 무릎이 일직선에 놓이도록 한다. 짐볼이 너무 크면 운동범위가 작아지고 너무 작으면 허리를 수평으로 유지하기 힘들 수 있다. 호흡을 들이마셔 배를 허리쪽으로 당겨 긴장을 유지한다. 천천히 케이블을 당겨 올리면서 호흡을 내뱉는다. 다시 처음 위치로 돌아간다. 10~15 회를 수행하고 1 분 30 초를 쉰 후 다음 세트를 진행한다. 5 세트까지 한다.

■ 블록 받침대에서의 데드리프트

운동	휴식	강도	반복회수	운동속도	세트
블록 받침대에서의 데드리프트	1 분	-2 회	10 회	202	1~3 세트

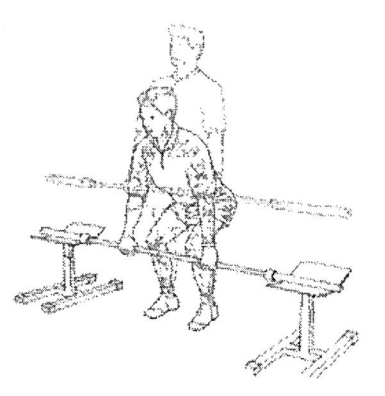

데드 리프트는 근력과 컨디셔닝 프로그램의 주요 운동으로 고려되고 있다. 이 운동은 6개의 주요한 굴곡 움직임 패턴을 가졌다. 굴곡 패턴의 운동은 골프에서 어드레스나 공을 주울 때 항상 사용된다. 골퍼는 허리의 사용빈도가 높기 때문에 강한 허리가 필요하며 데드 리프트는 몸통과 다리를 올바르게 통합하여 굴곡 패턴을 강하게 하는 운동이다. 또한 동적 자세 근력을 향상시키고 굴곡 패턴에서의 유연성을 회복시키는데도 좋은 운동이다. 보통의 데드 리프트는 바닥에서 시작하지만 여기서는 수정된 데드 리프트로 받침대를 이용한다. 이렇게 함으로서 초보자나 나이가 있는 사람이라 하더라도 무리 없이 수행할 수 있다.

데드 리프트 받침대의 높이는 무릎 정도로(이 높이는 무게를 들어 올리는 동작에서 약한 지점) 자연스럽게 허리의 굴곡이 유지되도록 한다. 발은 어깨 넓이 정도 벌리고 바를 정면에 둔다. 손을 잡는 바의 위치는 너무 넓게 잡지 말고 무릎에서 옆으로 한 주먹 (10cm) 정도의 거리에 둔다. 가슴을 펴고 시선은 정면을 보는데 머리가 너무 들어올려지지 않도록 주의한다. 깊게 호흡을 하고 복부는 허리 쪽으로 당겨 복부근육이 안정되도록 한다. 무게 바를 들어올리는데 팔로만 들려고 하지 말고 상체를 세우고 하체를 바닥에서 밀어 올리듯이 무게를 들어올린다. 만약 팔로 끌어 올리려고 하거나 허리를 굽혀 펴면서 들어올리려고 하면 허리를 다칠 염려가 있다. 바가 무릎 위를 지날 때 몸통을 잘 유지하고 무릎과 허리, 골반이 통합되어 바를 올리는데 이때 어깨는 살짝 뒤로 갈 수 있다. 가장 힘든 지점에서 호흡을 가볍게 내뱉는다. 이것은 복강의 압력을 낮추면서 복부의 안정화 근육을 활성화시키는 것을 유지한다. 많은 연구에서 역도선수들은 호흡을 멈추면서 무게를 들어올리는 결과 심장의 크기가 일반인보다 크지만 건강에는 크게 도움이 안 된다는 것을 밝혔다. 따라서 최대 힘을 쓰는 범위에서 자연스럽게 호흡을 내뱉는게 혈압을 안정시키면서 심장에도 더 나을 수 있다. 무게 바를 다시 제자리에 둘 때도 시작시 호흡을 들이 마시고 복부는 허리로 당기고 무게 바를 내리면서 호흡을 내뱉도록 한다. 처음엔 다소 이상하거나 익숙하지 않을 지 몰라도 점차 자연스럽게 될 것이다.

운동 속도는 2초 2초를 유지하고 운동강도는 여유 있게 2번 더 할 수 있도록 조정한다. 때때로 허리가 약하거나 혹은 데드 리프트를 하는 동안 허리를 세우는 자세가 힘들 수도 있다. 이런 경우 키네시오 테이핑(스포츠 테이핑)이 도움이 되는데 테이프를 Y 형태로 꼬리뼈에서 양쪽 척추 근육으로 붙이는데 선채 붙이는 것 보다 약간 허리를 굽혀서 붙인다. 테이프를 붙인 부위에 피부 가려움증이 있다면 테이프를 떼 내어야 한다.

◆ 하체의 근력 트레이닝

하체의 근육은 어드레스부터 피니시까지 몸의 중심축을 유지하는 역할을 하기 때문에 매우 중요한 기능을 담당한다. 골프 스윙 시 버팀목 역할을 하는 하체가 약하다면 무릎, 발목의 부상을 당할 수 있다.

■ 벽 기대고 짐볼 스쿼트

운동	휴식	강도	반복회수	운동속도	세트
벽 기대고 스쿼트	1분		10~16회	202	1~3

연구에 의하면 스쿼트는 대둔근과 중둔근을 활성화시키는 아주 좋은 운동이라고 한다. 의심의 여지없이 짐볼을 이용한 스쿼트는 허리로 짐볼을 받침으로서 허리뿐만 아니라 둔부근육과 힙, 대퇴근육을 사용하므로서 하체를 강화시킨다. 주의할 점은 무릎의 각도가 90도 이상으로 내려가서는 안된다는 것이다. 만약 90도 이상 각도가 크게되면 무릎 손상을 초래할 수 있다.

어깨 넓이로 다리를 벌리고 짐볼을 허리 뒤쪽으로 해서 벽에 고정한다. 만약 무게를 추가하고자 한다면 양 옆으로 덤벨을 든다. 무릎을 굽혀 상체를 내리는데 무릎이 발가락 앞쪽으로 나가지 않도록 주의한다. 10~16번을 1세트로 하고 3세트까지 진행한다. 운동 속도는 2초간 무릎을 굽혀 내려가고 2초간 다시 처음 위치로 돌아간다.

■ 한발 들고 짐볼 스쿼트(짐볼 스쿼트의 향상단계)

한발 짐볼 스쿼트는 더욱 도전적이다. 또한 대둔근과 중둔근의 근육뿐만 아니라 슬굴곡근(햄스트링)까지도 사용하게 한다. 한 발을 앞으로 내밀고 허리로 짐볼을 벽에 움직이지 않도록 고정 하는데 있어 짐볼이 빠져나가지 않도록 하면서 밸런스를 잘 유지하여야 한다. 처음에는 무릎을 가볍게 굽혀 체중을 내려본다. 밸런스를 유지하기 위해 들고 있는 다리의 위치를 약간 변화를 주어도 좋다. 어떠한 경우라도 무릎이 90도보다 더 깊게 굽히지 않도록 해야 무릎 손상을 예방할 수 있다. 10~16회를 1세트로 하고 발을 바꿔서 진행한다. 각각의 다리를 3세트까지 수행한다.

■ 힙 신전운동(Quadruped Hip Extensions)

운동	휴식	강도	반복회수	운동속도	세트
힙 신전운동	오른쪽/왼쪽		10~16 회	202	1~3 세트

둔부 근육은 상체의 회전력을 하체에 전달하는 역할을 수행하며 하체를 안정시키는 근육이다. 미국 운동협회(American Council on Exercise)에서 연구한 결과 런지, 스쿼트등과 같이 힙 신전운동이 근전도상에서 가장 둔부근육과 햄스트링을 많이 동원한다. 힙 신전운동은 골프뿐만 아니라 힙을 올려주는 역할(hip up)을 하는 좋은 운동이다.

두 무릎을 바닥에 두고 양손을 90 도 굽혀 절을 하듯이 자세를 취한다. 한 쪽 무릎 오금쪽에 덤벨이나 작은 공을 사이에 끼우고 무릎을 엉덩이 높이와 같이 수평으로 들어올린다. 배는 허리쪽으로 당겨 복부 근육의 긴장을 유지한다. 엉덩이를 올리면서 배를 바닥으로 내려 허리의 곡선을 만들지 않도록 주의하고 목과 등 허리는 항상 일직선에 있도록 한다. 한 쪽 다리를 10~16 회 반복하고 다리를 바꾸어서 수행한다. 1~3 세트까지 수행한다.

■ 멀티 런지(multi directional lunge)

운동	휴식	강도	반복회수	운동속도	세트
멀티 런지	오른쪽/왼쪽		1~3 회	중간	1~3 세트

골퍼에게 멀티 런지는 게임에서 중요하게 적용된다. 골프는 어떻게 보면 작은 런지와 같은 동작이 러프, 혹은 한쪽이 기울어진 언덕 등 다양한 지형에서 공을 어드레스 할 때 지속적으로 필요하다.

멀티 런지 동작을 수행하는데는 고관절 주변 근육의 활성화가 요구된다. 고관절 주변 근육의 강화는 골퍼의 골반 손상을 예방할 수 있다. 멀티 런지는 러프 뿐만 아니라 일상에서도 적용되는 다양한 운동을 할 수 있도록 신경계 반응을 훈련시킨다. 멀티 런지를 통해 바른 자세정렬, 밸런스, 협응력 모두가 트레이닝 된다. 이러한 능력이 헬스클럽이나 피트니스 센터에서 소홀이 하는 바이오모터 능력(biomotor ability)이다.

막대 봉을 어깨 뒤로 들고 호흡을 들이 마신 다음 복부를 허리 쪽으로 당기다. 마치 허리 벨트 사이 셔츠를 다시 정돈하듯이 공간을 만든다. 이런 동작을 통해 복부안정화 근육인 복횡근을 활성화시킨다. 상체를 세우고 골반은 앞쪽 다리와 정방형(square)를 이루도록 한다. 왼발을 앞으로 내밀면서 포워드 런지를 수행한다. 동작이 정확하다면 정강이가 수직이어야 한다. 체중을 가능한 범위까지 혹은 반대쪽 무릎이 바닥에 닿을 정도까지 내린다. 호흡을 내 쉬면서 처음의 동작으로 돌아간다. 호흡을 급하게 내뱉지 말고 동작전체에 걸쳐 천천히 내쉬도록 한다. 런지를 하는 속도는 2 초 2 초를 유지한다. 너무 빨리 진행하지 않도록 해야 한다. 처음 자세로 돌아가는 것이 힘들다면 절반 정도만 뒤로 물러난 다음 다시 처음 자세를 취하도록 함으로 무릎의 부하를 줄여준다.

처음 자세로 돌아온 후 다음 런지는 그림과 같이 앞으로 45 도 수준으로 수행한다. 이 런지를 하는 동안 머리와 눈은 정면으로 향하고 어깨와 골반은 정면에서 볼 때 정방형을 유지하며 따라오는 뒤쪽 다리는 자연스럽게 바닥으로 내린다. 45 도 런지에서 일반적으로 자주 발견되는 잘못된 동작은 프론트 런지와 동작에서 별 차이가 없이 진행하는 것이다. 이 운동을 하는 동안 프론트 런지와 사용하는 근육이 다르다는 것이 느껴야 한다. 만약 이러한 차이를 느끼지 못한다면 잘못된 동작을 수행하고 있는 것이다.

45 도 각도로 런지를 하는 동안 발 뒤꿈치가 안으로 돌지 않도록 주의한다. 발뒤꿈치가 안으로 돌 때 무릎에 원하지 않는 과부하가 걸린다. 무릎과 발목은 경첩 관절로 운동을 하는동안 불필요하게 돌아가지 않도록 한다. 처음 자세로 돌아갈 때 한번에 혹은 두 번에 나누어 돌아간다. 다음 단계는 사이드 런지로 약간 어려울 수 있다. 그림과 같이 옆으로 한쪽 발을 내딛는다.

상체와 허리를 세운 자세를 유지하고 머리와 시선은 정면을 향하도록 한다. 옆으로 가능한 범위까지 체중을 옮긴다. 처음 위치로 돌아와서 다음 동작은 뒤로 45 도 이동하는 것이다. 뒤로 45 도 런지를 할 때 먼저 뒤를 보고 어떻게 다리를 옮길 지 생각하는 것도 좋다. 일반적으로 45 도 뒤로 체중을 이동하는 것이 익숙하지 않기 때문에 뇌로 하여금 방향을 먼저 인식하도록 하는 것이다. 호흡이나 복횡근의 자세유지 등 모든 것은 포워드 런지 때와 같도록 한다. 단지 앞으로 이동하는 것이 아니라 뒤로 이동하는 차이만 있는 것이다.

다음 동작으로 뒤로하는 런지이다. 이 동작은 앞으로 하는 런지와 똑 같은 방법으로 진행하되 뒤로 스텝을 옮기는 차이가 있을 뿐이다. 뒤로하는 런지가 상당히 힘들 수도 있다. 하지만 이런 트레이닝을 통해 신체가 이러한 움직임에 신경적응이 되도록 하는데 있어 유익하다.

■ 멀티 런지의 연속수행

만약 컨디셔닝 수준이 낮거나 처음 시작하는 사람에게는 각각의 런지 동작에서 오른발 왼발을 교차로 진행한 후 다음 단계의 런지를 진행한다. 만약 숙련되고 컨디셔닝이 잘 되어 있는 경우는 한 다리를 이용해 앞, 45도 앞, 옆, 뒤로 연속된 동작으로 끝내고 반대쪽 다리를 이용하도록 한다.

* 주의사항

나이가 들어가면서 퇴행성 변화는 어쩔 수 없다. 만약 무릎이나 고관절에 퇴행성관절염이 있는 사람의 경우 약간 수정된 멀티 런지가 권장된다.

운동 속도를 늦추어 3초 1초 3초를 권장하는데 앞으로 내밀 때 3초, 동작 수행하면서 1초간 유지, 다시 처음위치로 돌아오는 시간 3초를 말한다. 또한 반복 회수를 줄이고 운동 범위를 줄인다. 통증이 있다면 무리하게 진행하지 않도록 한다. 통증을 참아가면서 운동을 한다고 좋은 것은 없다. 런지 동작을 수행할 때 연속적으로 앞으로 다리를 내밀고 뒤로 돌아가지 말고 런지 자세에서 가볍게 한발로 하는 스쿼트 동작을 2번 반복하고 처음 동작으로 돌아오면 관절에 가해지는 부하를 조금 줄여줄 수 있다.

■ 박스 오르내리기

운동	휴식	강도	반복회수	운동속도	세트
박스 오르내리기	오른쪽/왼쪽	-2회	10회	중간	1~3세트

이 운동은 일반적인 근력, 컨디셔닝을 향상시키며 골반, 무릎, 발복 안정화에 좋은 운동이다. 그림에서 보듯이 박스 정 중앙에 무릎과 발목을 위치시키고 신발을 신지 않고 박스에 올라선다.

처음에는 무게 없이 시작하고 점차 5cm 정도 높이를 추가한다. 수직으로 한번에 올라가지 못하고 자세가 흐트러진다던가 하면 더 이상 높이를 올리지 않도록 한다. 대부분의 사람들에 있어 헬스클럽의 스텝박스를 이용하는데 무리가 없을 것이며 추가적 높이를 올릴 때 무릎과 발의 정렬이 제대로 되는 것을 확인하도록 한다.

한발을 먼저 스텝박스에 올리고 천천히 스텝박스 위로 올라선다. 이때 상체가 앞으로 굽지 않도록 한다. 무릎에 힘이 없을 경우 허리가 앞으로 기울면서 무릎 위치가 두 번째 발가락 보다 앞으로 나가게 되는데 이런 동작이 오래되면 오히려 무릎 손상을 초래할 가능성이 있으니 주의해야 한다. 스텝박스의 높이를 다소 낮추어 수행하나 여전히 허리가 앞으로 굽게 되면 운동을 수행하지 않는다. 스텝박스 위로 올라선 후 처음 위치로 돌아갈 때 뒤에 있는 다리를 천천히 바닥위치에 두도록 한다. 이때 뒤에 있는 발을 떨어뜨리듯 바닥에 두면 안되며 발이 처음 위치로 자리 잡을 때까지 스텝 위에 있는 무릎 힘이 끝까지 유지되도록 해야 한다.

거울을 보면서 무릎과 발의 위치를 확인하도록 한다. 만약 거울이 없어 무릎과 발을 보면서 운동을 할 경우 머리가 앞으로 숙여지고 이로 인해 척추 선이 흐트러져 바람직하지 않는 신경계적응이 일어날 수도 있기 때문이다. 스텝박스 올라서기는 8~12 번 정도 수행하며 만약 12 번 이상도 무난하게 수행할 수 있으나 박스 높이를 증가할 경우 자세가 흩트려진다면 덤벨을 양손에 들고 저항을 높인다. 여기서 중요한 것은 자세가 항상 정확하게 유지되어야 하며 뒤로 다리를 내릴 때 떨어지면 안 된다는 것이다. 강도를 높이는 가장 간단한 수단은 박스의 높이를 증가시키는 것이다. 하지만 높이가 증가할수록 더 강한 근력이 요구되며 자세 또한 흔들려서는 안 된다는 것을 명심하자.

■ 박스 가로질러 오르 내리기

운동	휴식	강도	반복회수	운동속도	세트
박스 가로질러 오르 내리기	오른쪽/왼쪽	-2	8~10	중간	2~4

만약 기울어진 언덕에서 어드레스를 해본 경험이 있거나 러프에 빠진 공을 건져올리려고 할 때 다리 근력과 균형감이 잘 조화되어 있다면 이러한 상황을 잘 빠져나올 수 있을 것이다. 박스 가로질러 오르내리기 동작은 스포츠 컨디셔닝 지도자 골든베르그의 근력 트레이닝을 이용하였다. 그는 하키 선수를 대상으로 트레이닝을 고안하였지만 모든 운동선수에게 적용되거나 골프 컨디셔닝 운동으로도 아주 좋은 운동이다. 이 운동은 박스 오르내리기 보다 더 어려울 수 있다.

박스 오르내리기 운동을 하지 않았다면 먼저 끝낸 후 수행하는 게 좋다.

박스에 올린 다리를 이용해 무릎과 수직으로 체중을 옮길 수 있다면 박스의 높이를 30cm 혹은 그 이상을 준비한다.

박스의 가장자리에 다리를 올린다. 동작이 정확하다면 정강이 부분이 박스의 가장자리 수직선으로부터 30도를 벗어나지 않으면서 발 바닥이 박스표면과 뜨지 않아야 한다.

상체를 세우고 턱을 가볍게 안으로 당겨 머리가 정면을 바라보도록 한다. 호흡을 들이마시고 배를 허리 쪽을 당겨 복부 주변 안정화 근육을 활성화 시킨다. 그림에서 보듯이 박스 위로 체중을 들어올리고 옆으로 가로질러 박스를 내려오는 일련의 동작을 수행하는데 박스 오르내리기와 같이 내려올 때는 체중을 떨어뜨리지 않고 박스 위의 다리에 힘을 유지하여 내려야 한다. 한 방향이 끝나면 반대쪽 방향을 수행한다. 운동은 한 방향으로 5회를 하고 다른 방향으로 5회 하는 것으로 한 세트를 구성한다. 만약 힘의 여유가 있다면 두 세트를 더 한다.

프로그램 계획 1

✓ 운동단계: 근력강화 단계
✓ 목표: 기능적 근기능 능력 증가
✓ 운동 빈도: 주 4회(2일 한번씩 근력운동진행)

운동	휴식	강도	반복회수	운동속도	세트
스트레치 & 준비운동					
월, 금					
스탠딩 원암 케이블 푸시	1분 30초	-2회	8~12회	202	1~3세트
우드 촙	오른쪽/왼쪽	-2회	10회	202	1~2세트
어깨 외회전 운동	오른쪽/왼쪽	-2회	8~12	303	1~3세트
어깨 내회전 운동	오른쪽/왼쪽	-1회	8~12회	303	1~3세트
거울 보며 한손 덤벨 프레스	오른쪽/왼쪽	-2회	8~10회	303	1~3세트
짐볼 위에서 골반 들어올리기	1분	-1~2회	8~12회	303	2~3세트
러시안 트위스트	1분	-2회	8~10회	천천히/중간	1~3세트
서서 몸통 회전	오른쪽/왼쪽		15~20회	천천히	1~3세트
수건 고리를 이용한 골반 이동	오른쪽/왼쪽	-1회	8~10	103	1~3세트
멀티 런지	오른쪽/왼쪽		1~3회	중간	1~3세트
박스 오르내리기	오른쪽/왼쪽	-2회	10회	중간	1~3세트
데드 리프트	1분	-2회	10회	202	1~3세트

수, 일					
짐볼에 누워 원암 덤벨 프레스	오른쪽/왼쪽	-2 회	8~10 회	102	2~4 세트
리버스 우드 촙	오른쪽/왼쪽	-3 회	6~8 회	202	1~3 세트
원암 하이케이블 로우 & 리치	오른쪽/왼쪽	-1 회	8~12 회	202	1~3 세트
대각선으로 어깨 외회전 운동	오른쪽/왼쪽	-2 회	8~10 회	102	2~3 세트
대각선으로 어깨 내회전 운동	오른쪽/왼쪽	-1 회	8~10 회	103	2~3 세트
케이블 수평외전	오른쪽/왼쪽	-1 회	8~12 회	202	1~3 세트
짐볼 위에서 골반 들어올리기	1 분	-1~2 회	8~12 회	303	2~3 세트
메디신 볼 트위스트	1 분	-2 회	8~10 회	천천히/중간	1~3 세트
짐볼 측굴운동	오른쪽/왼쪽	-2 회	6~8 회	303	1~2 세트
짐볼 케이블 크런치	1 분 30 초	-2 회	10~15 회	천천히/중간	2~5 세트
블록 받침대에서의 데드 리프트	1 분	-2	10	202	1~3 세트
벽 기대고 스쿼트	1 분		10~16 회	202	1~3 세트
힙 신전운동	오른쪽/왼쪽		10~16 회	202	1~3 세트
박스 가로질러 오르내리기	오른쪽/왼쪽	-2 회	8~10 회	중간	2~4 세트

프로그램 계획 2

- ✓ 운동단계: 근력강화
- ✓ 목표: 기능적 근력 증가와 파워트레이닝의 준비
- ✓ 운동빈도: 주 3회(어깨, 몸통, 하체 트레이닝)

어깨 트레이닝

운동	휴식	강도	반복회수	운동속도	세트
스트레치 & 준비운동					
어깨 트레이닝					
스탠딩 원암 케이블 푸시	1분 30초	-2 회	8~12 회	202	1~3 세트
우드 촙	오른쪽/왼쪽	-2 회	10 회	202	1~2 세트
어깨 외회전 운동	오른쪽/왼쪽	-2 회	8~12	303	1~3 세트
어깨 내회전 운동	오른쪽/왼쪽	-1 회	8~12 회	303	1~3 세트
거울 보며 한손 덤벨 프레스	오른쪽/왼쪽	-2 회	8~10 회	303	1~3 세트
짐볼에 누워 원암 덤벨 프레스	오른쪽/왼쪽	-2 회	8~10 회	102	2~4 세트
리버스 우드 촙	오른쪽/왼쪽	-3 회	6~8 회	202	1~3 세트
원암 하이케이블 로우 & 리치	오른쪽/왼쪽	-1 회	8~12 회	202	1~3 세트
대각선으로 어깨 외회전 운동	오른쪽/왼쪽	-2 회	8~10 회	102	2~3 세트
대각선으로 어깨 내회전 운동	오른쪽/왼쪽	-1 회	8~10 회	103	2~3 세트
케이블 수평외전	오른쪽/왼쪽	-1 회	8~12 회	202	1~3 세트

몸통 트레이닝

운동	휴식	강도	반복회수	운동속도	세트
스트레치 & 준비운동					
몸통 트레이닝					
케이블 수평외전	오른쪽/왼쪽	-1 회	8~12 회	202	1~3 세트
짐볼 위에서 골반 들어올리기	1 분	-1~2 회	8~12 회	303	2~3 세트
러시안 트위스트	1 분	-2 회	8~10 회	천천히/중간	1~3 세트
서서 몸통 회전	오른쪽/왼쪽		15~20 회	천천히	1~3 세트
수건 고리를 이용한 골반 이동	오른쪽/왼쪽	-1 회	8~10	103	1~3 세트
메디신 볼 트위스트	1 분	-2 회	8~10 회	천천히/중간	1~3 세트
짐볼 측굴운동	오른쪽/왼쪽	-2 회	6~8 회	303	1~2 세트
짐볼 케이블 크런치	1 분 30 초	-2 회	10~15 회	천천히/중간	2~5 세트
블록 받침대에서의 데드 리프트	1 분	-2	10	202	1~3 세트

하체 트레이닝

운동	휴식	강도	반복회수	운동속도	세트
스트레치 & 준비운동					
하체 트레이닝					
멀티 런지	오른쪽/왼쪽		1~3 회	중간	1~3 세트
박스 오르내리기	오른쪽/왼쪽	-2 회	10 회	중간	1~3 세트
데드 리프트	1 분	-2 회	10 회	202	1~3 세트
벽 기대고 스쿼트	1 분		10~16 회	202	1~3 세트
힙 신전운동	오른쪽/왼쪽		10~16 회	202	1~3 세트
박스 가로질러 오르내리기	오른쪽/왼쪽	-2 회	8~10 회	중간	2~4 세트

프로그램 계획 3

- ✓ 운동단계: 근력강화
- ✓ 목표: 기능적 근력 증가와 파워트레이닝의 준비
- ✓ 운동빈도: 주 2 회(상체, 몸통 트레이닝, 하체 몸통 트레이닝)

상체, 몸통 근력 트레이닝

운동	휴식	강도	반복회수	운동속도	세트
스트레치 & 준비운동					
프로그램 A(상체, 몸통)					
스탠딩 원암 케이블 푸시	1 분 30 초	-2 회	8~12 회	202	1~3 세트
우드 촙	오른쪽/왼쪽	-2 회	10 회	202	1~2 세트
어깨 외회전 운동	오른쪽/왼쪽	-2 회	8~12	303	1~3 세트
어깨 내회전 운동	오른쪽/왼쪽	-1 회	8~12 회	303	1~3 세트
거울 보며 한손 덤벨 프레스	오른쪽/왼쪽	-2 회	8~10 회	303	1~3 세트
짐볼에 누워 원암 덤벨 프레스	오른쪽/왼쪽	-2 회	8~10 회	102	2~4 세트
리버스 우드 촙	오른쪽/왼쪽	-3 회	6~8 회	202	1~3 세트
원암 하이케이블 로우 & 리치	오른쪽/왼쪽	-1 회	8~12 회	202	1~3 세트
대각선으로 어깨 외회전 운동	오른쪽/왼쪽	-2 회	8~10 회	102	2~3 세트
대각선으로 어깨 내회전 운동	오른쪽/왼쪽	-1 회	8~10 회	103	2~3 세트
케이블 수평외전	오른쪽/왼쪽	-1 회	8~12 회	202	1~3 세트
짐볼 위에서 골반 들어올리기	1 분	-1~2 회	8~12 회	303	2~3 세트
러시안 트위스트	1 분	-2 회	8~10 회	천천히/중간	1~3 세트
서서 몸통 회전	오른쪽/왼쪽		15~20 회	천천히	1~3 세트
수건 고리를 이용한 골반 이동	오른쪽/왼쪽	-1 회	8~10	103	1~3 세트

하체 몸통 트레이닝

프로그램 B(몸통, 하체)					
멀티 런지	오른쪽/왼쪽		1~3 회	중간	1~3 세트
박스 오르내리기	오른쪽/왼쪽	-2 회	10 회	중간	1~3 세트
데드 리프트	1 분	-2 회	10 회	202	1~3 세트
벽 기대고 스쿼트	1 분		10~16 회	202	1~3 세트
힙 신전운동	오른쪽/왼쪽		10~16 회	202	1~3 세트
박스 가로질러 오르내리기	오른쪽/왼쪽	-2 회	8~10 회	중간	2~4 세트
짐볼 위에서 골반 들어올리기	1 분	-1~2 회	8~12 회	303	2~3 세트
메디신 볼 트위스트	1 분	-2 회	8~10 회	천천히/중간	1~3 세트
짐볼 측굴운동	오른쪽/왼쪽	-2 회	6~8 회	303	1~2 세트
짐볼 케이블 크런치	1 분 30 초	-2 회	10~15 회	천천히/중간	2~5 세트
블록 받침대에서의 데드 리프트	1 분	-2	10	202	1~3 세트

10. 파워 트레이닝

백 스윙 시 하체에 더 많은 저항을 느낄수록 볼은 더 멀리 나간다. 고무 밴드의 한쪽 끝을 당기는 상황을 생각해보자. 더 많이 당길수록 고무줄을 놓을 때 더 많은 에너지가 발생한다. 어깨가 회전하는 동안 골반이 제 위치에 고정되어 있다면 이와 같은 에너지가 쌓이는 것이다. 만일 탑에서 온몸이 제대로 잡아 늘인 자세를 만들었다면 다운스윙에서 정확한 자세를 취하기 위해 노력할 필요없이 자연스럽게 스윙을 할 수가 있다. 그리고 이런 스윙이 자연스러워진다면 스윙의 타이밍도 함께 향상된다. - 수잔 페터슨 -

파워는 효율적인 스윙을 위한 필수조건이다. 근력과 파워를 같은 개념으로 생각하기도 하지만 근력과 파워는 차이가 있다. 파워는 스윙 시 임팩트 순간의 최대힘을 발휘하기 위해 스피드가 요구되는 것과 같이 근력요소에 스피드가 추가된 것이다(근력 X 스피드 = 파워).

정적 안정성과 동적 안정성, 골프에 필요한 근력을 향상시켰다면 이제 파워를 키울 차례이다. 파워란 힘에 대한 상대적 속도다. 즉, 파워란 힘만을 나타내는 것이 아닌 속도개념이 추가된 것이다. 두 명의 사람이 100kg 들어 1m 를 이동해야 한다고 했을 때 힘은 똑같이 100kg 을 들어올렸지만 누가 더 빨리 옮기냐에 따라 파워는 차이가 난다. 파워를 향상시키기 위해서는 속도를 향상시켜야 한다.

◆ 골프 파워의 향상

골프 공을 똑바로 보내기 위한 네 가지 요소는 스윙 면(swing plane), 클럽 페이스 정렬(clubface alignment), 앵글어택(angle of attack), 클럽 헤드 스피드(club head speed)다. 만약 파워가 아무리 좋다 하더라도 이러한 네 가지 요소가 잘못되면 공이 멀리는 날아가지만 정확하게 원하는 지점에 떨어뜨리지 못할 것 이다. 훅이나 슬라이스가 나는데도 멀리 보내는 것이 마냥 좋은 사람은 없을 것이다. 때문에 정확성을 키우기 위해 정적, 동적 안정성과 골프에 필요한 근력을 먼저 향상시켜야 한다. 스윙 면(swing plane), 클럽 페이스 정렬(clubface alignment), 앵글어택(angle of attack)은 정확성과 일치성이 좋아지면 향상된다. 또한 이러한 요소가 골프 파워의 기초가 되는 것이며, 클럽 헤드 스피드가 좋아져야지 골프파워가 향상된다.

골프 파워를 향상시키기 위해서는 반드시 지켜야 할 원칙으로 운동 특수성(specificity of exercise)과 주어진 요구수준에 적응(Specific adaptation to imposed demands)하는 것이다.

파워를 향상시키기 위해서나 혹은 어떤 운동을 선택하는데 있어서 스포츠 특성에 맞는 운동을 선택하는 것이 중요하다. 때때로 어떤 사람들은 골프 파워를 위해 트레이닝을 하는 것 보다 필드에서 한번이라도 더 스윙연습을 하거나 드라이브를 보내야 한다고 생각하는 사람들이 있다. 이렇게 해서는 좋은 결과를 가질 수 없다. 주어진 요구 수준에 대한 적응이라는 것은 선택한 트레이닝을 통해 몸이 어떤 특정한 요구에 적응하는 것을 의미한다. 골프 컨디셔닝 프로그램에서의 골프 파워 향상은 움직임 기술, 밸런스능력, 협응력, 스피드와 같은 기능적 트레이닝을 지속적으로 향상시켜야 한다. 궁극적으로 골프에 필요한 파워 트레이닝은 몸통 회전력, 골반과 어깨 회전근 파워를 향상시키는데 있다. 만약 이렇게 파워가 향상된다면 손목이나 팔꿈치 부상을 현저히 낮출 수 있다. 복부 안정화 근력, 골반, 어깨회전 근이 더 잘 발달되면 팔을 과 보상하여 사용하는 것도 줄어들 것이다.

　골프 파워 트레이닝은 또한 타이밍을 증가시켜 줄 것이다. 골프를 하는데 있어 근력과 파워의 증가는 골프 스윙 타이밍을 적절하게 유지시킨다. 만약 이러한 요소(스윙 면, 클럽 페이스 정렬, 앵글어택)이 일치성을 갖지 못한다면 클럽 헤드 스피드에 영향을 미쳐 게임을 잃게 될 수도 있다.

◆ 파워 트레이닝을 위한 준비운동

　파워 트레이닝을 수행하기 전 준비운동을 하는데 트레드밀(런닝머신)이나 자전거를 이용해 10분 정도의 운동을 먼저 수행한다. 이렇게 함으로써 체온이 약 0.5도에서 1도정도 상승하고 근육의 긴장이 완화되어 근육의 탄력성과 유연성이 좋아져 파워 운동시 근육의 손상을 예방할 수 있다.

　파워 트레이닝은 좋은 효과가 기대되는 반변, 빠른 속도로 운동을 하기 때문에 스포츠 손상을 유발 할 수 있으므로 주의해야 할 부분이 많다.
시니어 골퍼는 파워 트레이닝을 하기 전에 반드시 전문가의 도움을 받아야 하며 만약 트레이닝 중이라도 평소와 다르다는 느낌이 있거나 통증이 있을 경우 즉시 운동을 종료하고 전문의의 진단을 받아보는게 좋다.

　파워 트레이닝은 가능한 피로하지 않은 상황에서 진행하여야 한다. 근력 트레이닝을 강도 높게 수행하였거나 골프 스윙 연습을 많이 하여 근육이 피로함을 느낀다면 파워 트레이닝을 하지 않는게 좋다. 체중이 많이 나가거나 혹은 평소 어깨나 허리가 좋지 못한 사람도 가급적 파워 트레이닝을 삼가한다.

◆ 골프 파워 2 단계

　파워 트레이닝은 근력 운동과 비교해서 운동속도가 증가한 것을 알게 될 것이다. 속도가 빠른 운동을 할 수록 골프 드라이브 시에 더 빠른 클럽 스피드를 낼 수 있도록 할 것이다. 적절한 클럽 페이스 정렬과, 어택 앵글(angle of attack), 스윙 면을 유지하는 한 클럽 스피드가 빠를수록 더 좋은 경기력을 가질 수 있다.

　지금까지의 컨디셔닝 프로그램을 잘 수행하였다면 파워 트레이닝을 하는데 충분히 몸이 만들어 져 있을 것이지만 운동 속도가 빠를수록 관절과 결합조직에 무리가 올 수 있다. 따라서 운동을 하기 전에 전문가의 상담이나 의사의 진료를 받아 보는 것도 좋다.

파워트레이닝은 4일에 한번씩 진행하는 게 좋다. 즉 A 프로그램을 월요일에 수행하였다면 B 프로그램을 수요일에 수행하고 금요일에는 A 프로그램, 일요일에는 B 프로그램을 진행한다. 다음으로 화요일, 목요일, 토요일로 프로그램 계획을 잡는다. 파워트레이닝으로 근육과 관절에 무리가 있다면 언제부터 그러한 불편감이 지속되었는지를 확인하고 쉬는 것도 트레이닝의 일부분으로 계획하여야 한다. 어떤 사람은 2주 강하게 훈련하고 한 주는 가볍게 회복운동이 좋을 수도 있고 어떤 사람은 3주 훈련 후 한 주를 회복 운동을 하는 게 좋을 수도 있다. 가볍게 운동을 하는 방법은 무게 없이 운동을 하거나 혹은 무게를 반으로 줄여서 또는 회수나 세트를 줄이는 방법 등이 있다.

스케줄이 바빠 계획 되로 운동을 수행 하지 못할 경우 어느 지점 어떤 운동을 할 것인지 확인하고 지속하는 것이 좋다. 파워 트레이닝 단계는 3~4주정도 소요된다. 이것은 간접 손상을 예방하기 위한 방법이며 다른 스포츠선수와 같이 무게 운동을 많이 하는데 목적을 두는 것 보다는 신경계 시스템에 기초를 두고 트레이닝을 하는 게 바람직하다. 즉, 무게를 높여 근육이 더 많이 사용되는 운동을 많이 하기보다는 스피드를 더 낼 수 있도록 해야 한다.

파워 트레이닝에서 필요한 것은 다음과 같은 도구들이다.

막대 봉, 5kg 내외의 올림픽 바, 무게 원판, 1~3kg 의 메디신 볼, 1kg 의 손잡이가 있는 메디신 볼, 바운드 메디신 볼, 목욕 타월, 메디신 볼 리바운더

* 메디신 볼 트레이닝

메디신 볼은 무게가 있는 볼을 이용하는 운동으로서 볼의 무게는 1~10kg, 지름은 20~30cm 까지 다양하게 있기 때문에 운동강도를 점진적으로 증가시키면서 운동할 수 있다. 무게를 이겨내면서 강하게, 보다 멀리 던지는 것에 의하여 전신의 파워를 높일 수 있기 때문에 골퍼들에게 파워 향상을 위해 좋은 운동이다.

◈ 파워 트레이닝에서 필요한 것은 도구

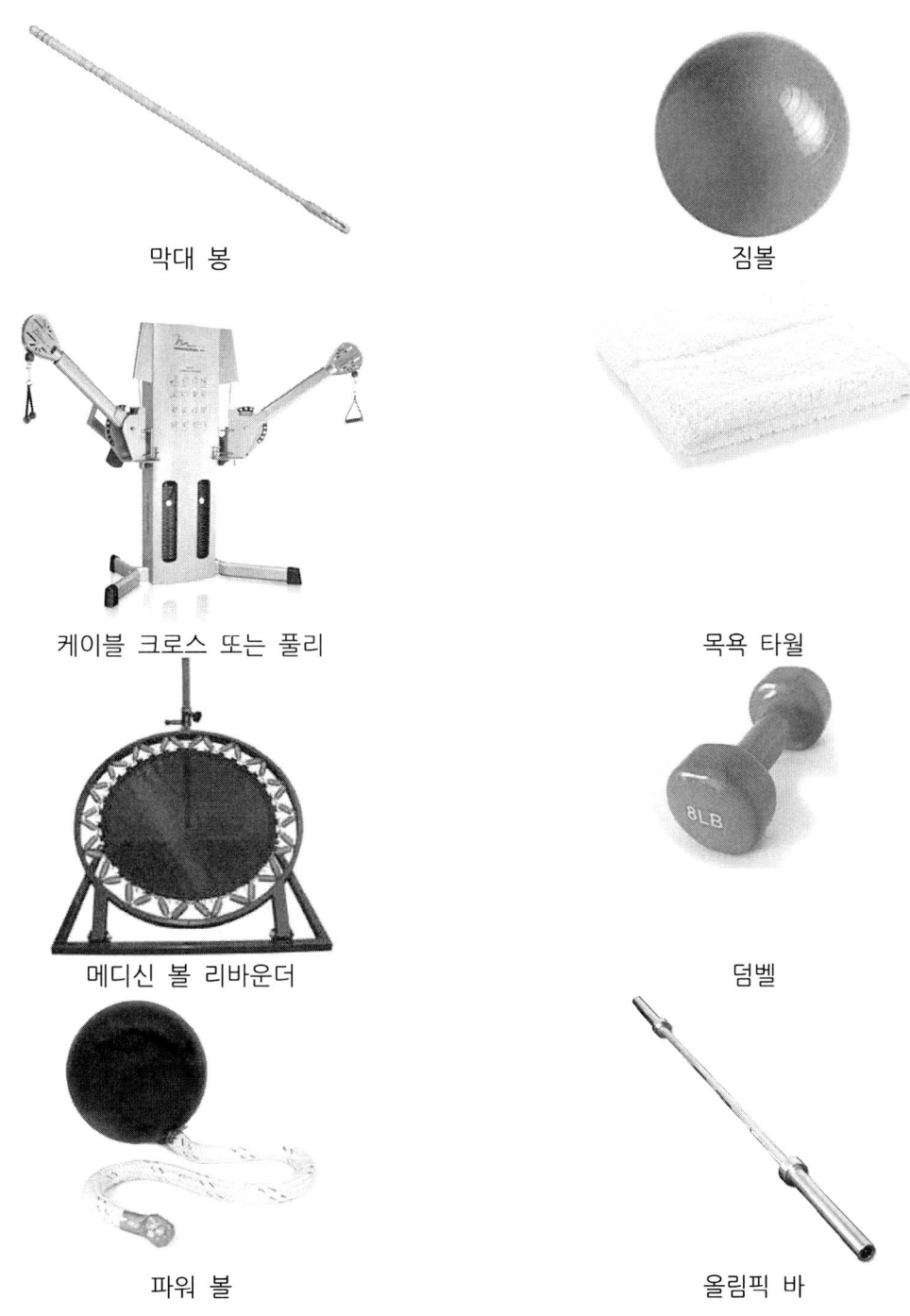

막대 봉

짐볼

케이블 크로스 또는 풀리

목욕 타월

메디신 볼 리바운더

덤벨

파워 볼

올림픽 바

◆ 파워 트레이닝 1 단계

■ 멀티 런지(multi directional lunge)

운동	휴식	강도	반복회수	운동속도	세트
멀티 런지			2~3	101	2~4

멀티 런지는 근력 운동에서 진행하였다. 파워 단계에서는 운동속도를 더 빠르게 진행한다. 가급적이면 러프에 빠지지 않고 경기를 하여야 하지만 그럴 수 없다면 이 운동을 함으로 해서 더욱 안정되게 어드레스를 할 수 있을 것이다.

■ 메디신 볼 파워 스윙

운동	휴식	강도	반복회수	운동속도	세트
메디신 볼 파워 스윙	↻	-2 회	6~8	101	2~4

어드레스 자세로 시작한다. 0.5~1kg 정도의 메디신볼을 잡고 백 스윙 동작을 한다. 바로 다운스윙과 팔로우 스로우로 연결하여 수행한다. 팔로우 스로우의 탑에서 다시 역으로 왼손 골퍼라고 생각하고 처음 백 스윙까지 수행을 한다.

메디신 공이지만 골프 클럽을 가지고 하는 것처럼 완전한 스윙을 하는 게 중요하다.

메디신 볼의 무게 때문에 스윙 메커니즘이 흔들린다면 볼의 무게를 낮추는 게 좋다. 이 동작을 수행하면서 심리적으로는 더 멀리 공을 보내겠다는 이미지 트레이닝을 하는 게 좋다. 이렇게 함으로써 뇌가 드라이브에 필요한 근육을 어떻게 사용할 것인지를 인지함으로 실재 골프 클럽을 가지고 드라이브를 할 때도 좋은 결과를 가져올 수 있다. 운동속도는 백 스윙에서 팔로우 스로우까지 1 초로 하고 다시 처음 위치까지 1 초를 유지한다. 6~8 번을 1 세트로 수행 한다. 정확한 무게와 크기의 메디신 볼을 이용할 때 6~8 번 수행한 후 2 번 정도 더 할 수 있을 정도의 여유 무게를 두어야 한다. 2 분 이내 휴식을 취하고 다음 운동을 순환식으로 시작한다.

파워 트레이닝을 하기 전에는 가볍게 준비운동을 하는 것이 중요하다. 파워 트레이닝의 준비운동은 메디신 볼 없이 한 방향으로 10~12 회 정도 수행하고 다시 절반 정도의 무게로 한 세트 정도 한다.

■ **메디신 볼 던지면서 싯업**

운동	휴식	강도	반복회수	운동속도	세트
메디신 볼 던지면서 싯업	2 분		10~15	101	2~3

짐볼에서 메디신 볼을 던지면서 하는 윗몸 일으키기는 클럽 헤드 스피드를 부드러우면서도 강력하게 가속화시키는데 필요한 파워를 향상시킬 수 있도록 하는데 도움이 되는 운동이다. 백 스윙에서 임팩트 순간의 클럽 스피드를 가속화시키는 근육으로는 복부주변 근육과 어깨 신전근, 고관절 굴곡근이다. 근력운동을 통해서 이러한 근육을 이미 강화시켰다면 이제 통합적 적용이 필요하다. 또한 이 운동은 허리 중간부위와 허리 아래를 정상운동 범위로 유지하는 것뿐만 아니라 목의 굴곡근을 강화시키는데도 도움이 된다. 리바운더라는 도구를 이용해 상체를 들어올리면서 공을 던져 다시 받는게 더 좋을 수도 있으나 벽을 이용해도 같은 효과를 얻을 수 있다.

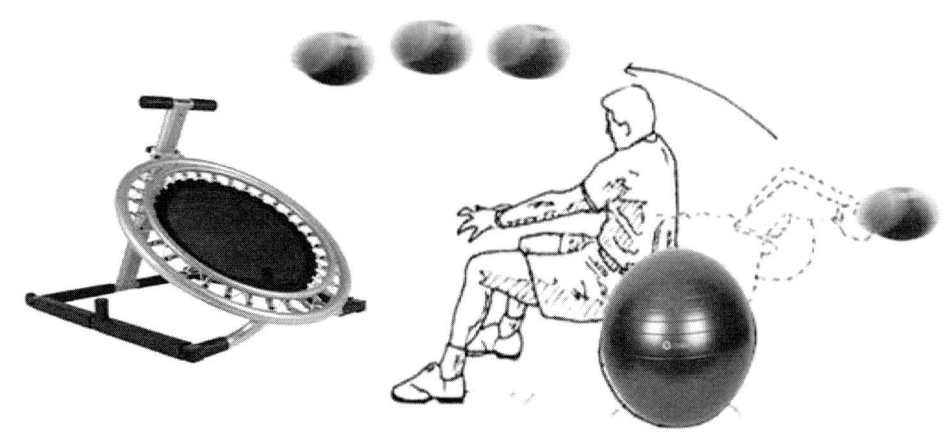

짐볼에 꼬리뼈(천골)를 대고 앉아 허리를 뒤로 넘겨 등이 닿도록 하나 머리는 자유롭게 한다. 1~3kg 정도의 메디신 볼을 두 손으로 잡는다. 배를 집어넣고 허리를 안정화 시킨다. 상체를 들어올리면서 공을 리바운더에 던지고 받는데 짐볼이 몸에서 빠져나가지 않도록 주의해야 한다. 공을 던졌을 때 공이 머리 뒤쪽으로 날아올 정도의 힘으로 던져야 한다. 공은 누운 자세에서 받아서 다시 관성을 이용해 던진다. 이 운동을 통해 복부 주변근육을 스트레칭 하는 효과와 신경계 자극을 통해 다음 공을 던지기 위한 파워를 더해 준다. 이러한 운동을 신장성 부하(econcentric loading), 혹은 신장성 수축운동이라고 할 수 있다.

신장성 부하는 근육이 장력을 발생시키는데 있어 스프링과 같은 특징을 가지는 것을 이용한다. 이러한 장력이 스프링과 같은 역할을 하여 공을 다시 던지는데 도움을 준다. 이러한 동작은 백 스윙의 탑에서도 적용된다. 닉 프라이스의 스윙을 주의 깊게 살펴보면 백 스윙시의 에너지를 잘 이용하여 다운스윙을 시 클럽 헤드를 가속하는데 아주 능력이 있다는 것을 알 수 있을 것이다. 10~15 번을 수행하고 2 분간 휴식을 취한다. 2~3 세트를 수행한다.

■ 케이블 푸시

운동	휴식	강도	반복회수	운동속도	세트
케이블 푸시	오른쪽/왼쪽		8~12	빠르게	2~5

케이블을 어깨 높이에서 한손을 굽혀 잡는다. 그림과 같이 한발을 앞쪽에 두고 다른 발을 약간 옆으로 하여 넓게 선다. 배를 허리쪽으로 당긴고 긴장을 유지한다. 상체를 바로 서서 팔을 이용해 케이블을 앞으로 당김과 동시에 앞에 있는 다리를 들어 내밀면서 허리를 회전한다. 처음 위치로 돌아와서 8~12 회를 반복하고 반대쪽을 수행한다. 운동속도는 빠르게 수행하고 2~5 세트를 수행한다.

■ 메디신 볼 리버스 우드 촙

운동	휴식	강도	반복회수	운동속도	세트
메디신 볼 리버스 우드 촙	2 분	-1	6~8	102	2~3

메디신 볼 리버스 우드 촙은 우드 촙의 움직임과 매우 비슷하다. 다른 점은 우드 촙 운동은 다운 스윙단계 동작을 향상시키기 위해서였다면 이번에는 백스윙단계에서 힘의 노력이 요구된다는 것이다. 0.5~3kg 정도의 메디신 볼을 들고 한다. 데드 리프트 동작과 비슷하지만 메디신 볼을 든 손이 무릎 바깥쪽에 위치된다는 것이 다소 다르다. 배를 허리 쪽으로 당긴 후 몸 전체를 펴서 체중을 반대쪽으로 이동시킨다. 움직임은 케이블 리버스 우드 촙과 같이 대각선 방향이다. 이러한 움직임으로 빠르지만 유연하게 각각의 방향으로 6~8 회를 수행한다. 2 분 정도 쉬고 다시 반대쪽을 수행한다.

■ 메디신 볼 바운싱 우드 촙

운동	휴식	강도	반복회수	운동속도	세트
메디신 볼 바운싱 우드 촙	2 분		6~8	빠르게	2~4

메디신 볼 바운싱 우드 촙은 신장성수축 근력을 향상시키는데 좋은 운동이다. 마치 백스윙의 탑에서 방향을 바꾸는데 요구되는 근력을 사용하게 한다. 메디신 볼 바운싱 우드 촙은 실재 공을 최대 속도로 뿌림으로 파워에 대한 최대한의 근력을 사용하게끔 한다. 이러한 운동을 일반 피트니스 클럽에서 수행할 수 없는 것은 당연하다. 메디신 볼 바운싱 우드 촙의 또 다른 이점은 실재 골프 스윙에 적용되는 골프 근육을 직접적으로 사용하여 강화시킨다는 것이다. 실재 골프 코스에 가서 이 운동으로 얻어진 파워를 스윙에 직접 적용할 수 있다.

0.5~3kg 정도의 메디신 볼을 잡고 어드레스 자세를 잡는다. 백 스윙 동작과 같이 상체를 회전하여 빠르지만 리드미컬하게 다운 스윙 동작을 취한다. 백 스윙에서 다운스윙으로 방향을 바꿀 때 배는 허리쪽으로 당겨 심부 깊숙한 복부근육과 허리 안정화 근육을 활성화 시킨다. 팔을 가속화시켜 공을 바닥으로 던지는데 바닥에서 튕겨져 다시 벽에 맞고 돌아와야 한다. 오른쪽 왼쪽 각각 6~8회를 한 세트로 하여 수행한다. 자세가 잘못되거나 혹은 바운드 되는 공의 위치가 돌아오지 않거나 속도가 떨어졌을 때는 운동을 종료한다. 만약 6~8회를 수행하지 못했다면 메디신 볼의 무게를 줄여야 한다.

■ 수건 고리(또는 스파이럴스트랩)를 이용한 골반 이동

운동	휴식	강도	반복회수	운동속도	세트
수건 고리를 이용한 골반 이동	오른쪽/왼쪽		6~8	102	2~4

수건 고리(또는 3D 스트랩)를 이용한 골반 이동은 운동에서 수행하였던 것과 같다.

골반 이동 운동은 백 스윙의 시작과 팔로우 스로우의 끝에서 하나의 사이클로 이루어진다. 스윙동작에서 상대적 타이밍을 방해할 정도로 무게가 크면 안 된다. 운동속도를 백 스윙에서 팔로우 스윙까지 1초 다시 백 스윙으로 돌아가는 시간을 2초로 유지할 정도로 자신에 맞는 무게를 설정한다. 만약 무게가 적정하지 않고 너무 무겁게 되면 타이밍을 위해 다른 동작이 추가되거나(cheating) 상대적 타이밍이 방해 받게 된다. 피로감 없이 6~8번을 수행하도록 한다. 점진적으로 무게를 추가한다. 만약 무게를 높여도 운동속도나 상대적 타이밍에 지장을 받지 않는다면 이제 그 새로운 운동무게를 적용하여 수행하면 된다. 골반 이동 운동을 2세트에서 점진적으로 4세트까지 진행한다. 여유 운동강도는 2번 정도 유지한다.

■ 메디신 볼 회전 토스

운동	휴식	강도	반복회수	운동속도	세트
메디신 볼 회전 토스	오른쪽/왼쪽		6~8	102	2~4

　메디신 볼 회전 토스는 허리 회전파워와 체중이동능력을 향상시키기 위한 운동이다. 이 두 가지 움직임은 팔과 골프 클럽을 가속화시켜 골프 스윙력을 발생시키는데 아주 중요한 원천이다. 메디신 볼 회전 토스는 메디신 볼을 리바운드나 벽 혹은 파트너를 이용해 수행한다. 약 1~4kg 정도의 무게가 추천된다. 이 운동은 팔이 다리와 몸통의 연장된 것을 제외하면 골반이동 운동과 매우 비슷한 타이밍으로 수행된다. 골프 스윙에서 팔만 이용해 파워를 발생시키지 않는다는 것을 명심하자.

　리바운더나 벽 옆 또는 파트너와 수평 위치에 선다. 약간 넓게 다리를 벌리고 메디신 볼을 잡고 안정되게 자세를 잡는다. 허리를 돌린 자세가 시작 자세다. 바깥쪽 다리에 체중의 70%, 안쪽 다리에 30%를 싣는다. 토스하는 동작은 부드럽게 체중이 한번에 이동되도록 하여야 한다. 허리의 회전으로 방향을 바꿀 때 배를 안으로 당겨 심부 깊숙한 복부근육이 활성화되도록 한다. 볼을 토스할 때 체중의 이동이 발생한다. 공을 잡은 팔은 가볍게 여유가 있으나 회전할 때는 팔을 휘돌리면서 강하게 공을 뿌린다. 만약 메디신 볼 회전 토스가 정확하다면 힘들이지 않고 공이 뿌려져야 한다.

　공은 궤적이 약 35~50cm 정도 회전 된 몸 앞에서 볼을 잡는다. 이렇게 공을 잡으면 다음 동작을 하는데 있어 효과적으로 준비가 된다. 만약 공을 너무 앞에서 잡게 되면 공의 궤적에 영향을 끼쳐 역학에너지를 감소시킴으로 다음 회전 토스 시의 파워가 줄어들게 된다. 따라서 회전에 익숙해져 역학에너지를 근육과 인대, 건에 보존하여 방향을 바꿀 때 이러한 힘을 사용한다면 충분히 적응한 것이다. 이렇게 회전 토스에 의한 공을 뿌리는데 아주 부드럽게 잘 수행한다면 드라이브도 더 잘 되고 비거리도 늘어날 것이다.

　각각의 방향으로 6~8회 빠르면서도 부드럽게 속도를 잘 유지하면서 수행한다. 한 세트 후 약 2분 정도 휴식하고 2~3세트를 수행한다.

프로그램 계획

✓ 운동단계: 파워 트레이닝 1 계
✓ 목표: 파워의 증가
✓ 운동 빈도: 주 4 회(A 프로그램, B 프로그램을 교차로 진행)
　　　　　　주 2 회(A 프로그램과 B 프로그램 하루에 진행)

운동	휴식	강도	반복회수	운동속도	세트
스트레치 & 준비운동					
프로그램 A					
멀티 런지	2 분		2~3 회	101	2~4 세트
메디신 볼 파워스윙		-2 회	6~8 회	101	2~4 세트
짐볼에서 메디신 볼 싯업	2 분		10~15 회	101	2~4 세트
메디신 볼 어깨 내회전 운동	오른쪽/왼쪽 1 분	-2 회	8~10 회	빠르게	2~4 세트
케이블 푸시	오른쪽/왼쪽		8~12 회	빠르게	2~5 세트
프로그램 B					
메디신 볼 리버스 우드 촙		-1 회	6~8 회	102	2~3 세트
메디신 볼 바운싱 우드 촙	2 분		6~8 회	빠르게	2~4 세트
수건 고리를 이용한 골반 이동	오른쪽/왼쪽 2 분		6~8 회	102	2~4 세트
메디신 볼 허리 회전 토스	오른쪽/왼쪽 2 분	-2 회	6~8 회	빠르게	2 세트
메디신 볼 어깨 외회전 운동	오른쪽/왼쪽 1 분	-2 회	6~8 회	빠르게	2~4 세트

◆ 골프 파워 2 계

2 단계 프로그램은 독특하게 구성되는데 이는 잠재적인 파워를 활용하는 것뿐만 아니라 정적, 동적 안정성을 다시 회복하는 프로그램으로 구성되기 때문이다. 짐볼에 누워 상체 회전하기, 거울 보며 한손 덤벨 프레스 등이 이 단계에서 다시 수행될 것이다. 이렇게 파워 트레이닝을 한 후에는 어쩌면 자연스럽게 안정성을 유지하는 기술이 약해지거나 균형을 유지하는 능력이 다소 감소할 수 있다. 항상 몸 상태를 좋은 컨디셔닝 상태로 유지하기 위해서는 밸런스 운동과, 파워 트레이닝이 안정성 운동과 근력 운동에 결합되어야 할 것이다. 이 단계의 운동은 매우 도전적이며 재미있을 것이다. 만약 누군가와 비거리 게임을 진행하고자 한다면 파워 트레이닝 후 계획을 잡는 것도 좋다.

2 단계 프로그램에서 필요한 도구는 다음과 같다.
1~6kg 의 메디신 볼, 리바운더, 회전 공(막대가 연결된 공), 3~17kg 내외의 덤벨, 거울

■ 좌우 허리 틀면서 워킹 런지

운동	휴식	강도	반복회수	운동속도	세트
좌우 허리 틀면서 워킹 런지	↪		6~8 회	중간	2~3

좌우 허리 틀면서 워킹 런지는 전신의 컨디셔닝 운동이다. 좌우 허리 틀면서 워킹 런지는 골퍼의 다리, 허리 팔의 통합된 근력과 파워형성에 도움이 된다. 또한 이러한 트레이닝 자극을 통해 다양한 골프 운동능력을 가능하게 한다.

이 운동은 둔부근육(엉덩이 근육)를 탄탄하게 하는데도 도움이 된다. 1~3kg 의 메디신 볼을 오른쪽에 위치시킨다. 왼쪽 다리를 앞으로 내밀어 런지를 하는 동시에 메디신 볼을 든 팔을 머리위로 올려 호를 만들어 왼쪽 다리 옆으로 위치시킨다. 팔의 움직임은 발의 움직임과 같이 시작하고 끝내어야 한다. 왼쪽 다리가 앞으로 뻗어 앉았을 때 허리는

왼쪽으로 돌아 메디신 볼은 왼쪽 주머니에 위치시킨다. 오른쪽 다리 런지를 할 때도 같은 사이클로 진행한다. 워킹 런지에서 앞으로 다리를 내미는 동안 한쪽 다리의 운동량(momentum)은 다른 쪽 다리로 전달되어야 한다. 왼쪽 다리를 앉은 자리에서 일어날 때 팔은 오른쪽으로 회전하면서 오른쪽 다리는 앞으로 내밀어 디뎌야 한다.

런지의 보폭은 충분히 넓어야 하지만 정강이는 수직이어야 한다. 때때로 정강이의 각이 너무 좁을 경우(쪼그리듯이 앉을 경우) 무릎 슬개골과 건에 많은 부담을 주어 통증이 유발될 수도 있으니 조심해야 한다. 이 운동은 파워트레이닝 중 운동 속도를 빠르게 하는 것이 아닌 중간 정도를 유지하는 게 좋다. 때때로 스포츠 선수들은 이 운동을 폭발적으로 수행하는 경우도 있으나 골퍼에게는 그러한 폭발적인 힘으로 수행할 필요가 없으며 특히 40대가 넘은 경우는 더욱 그렇다.

처음에는 메디신 볼 없이 체중부하를 이용하여 준비운동을 한다. 준비 운동 후 작은 메디신 볼을 이용해 한 세트 정도를 수행하고 48시간 이후 근육통이 없는가를 확인한다. 이 운동은 종종 운동 후 유발되는 근육통을 초래하기 때문이다. 때때로 비타민 C와 같은 항산화제를 복용함으로써 운동 후 유발되는 근육통을 예방할 수도 있다.

각각 6~8회를 연속적으로 수행한 후 수평 파워볼 쵼 운동을 진행한다.

■ 메디신 볼 두 손으로 던지기

운동	휴식	강도	반복회수	운동속도	세트
메디신 볼 두 손으로 던지기	↻		8~12		2~3

메디신 볼 두 손 던지기는 복부주변 근육의 컨디셔닝과 파워를 향상시키기 위한 운동이다. 메디신 볼 두 손 던지기는 리바운더나 또는 벽을 이용하거나 혹은 파트에게 공을 던지면서 수행할 수도 있다.

1~4kg의 메디신 볼을 직접적으로 머리 위에서 던지되 다리를 골반 넓이보다 넓게 벌리지 않는다.

공을 던질 때 복부 주변근육이 사용되어야지 팔 힘만 가지고 던지지 않도록 한다. 공이 다시 바운드 되어 머리 수준까지 올라올 정도의 힘으로 공을 던져 받는다. 이렇게 함으로서 복부 주변근육이 신전되어 스프링과 같은 신장성 수축 트레이닝이 된다. 이러한 근력은 백 스윙 때 탑에서 요구되는 힘과 같은 종류이다. 폭발적 힘으로 8~12 회 수행한다. 운동 속도는 따로 정하지 않았는데 폭발적인 강한 힘으로 던지고 다시 받는다. 튕겨 나온 공을 다시 받을 때는 속도보다 정확하게 동작이 수행되는 것이 더 중요하며 멈추지 않고 연속적으로 수행한다. 만약 공을 잡을 때 동작이 멈춘다면 골프 드라이브에 필요한 근력향상을 기대할 수 없다. 한 세트를 수행한 후 2 분을 쉬고 다시 허리 틀어 워킹 런지를 수행한다.

■ 토네이도 볼 대각선 어깨 회전근 운동

운동	휴식	강도	반복회수	운동속도	세트
토네이도 볼 대각선 어깨 회전근 운동	오른쪽/왼쪽 1 분		10 초	1 초유지	2~3

 토네이도 볼을 이용해 외전과 외회전, 내회전이 복합된 운동을 수행함으로써 어깨 회전 근육의 컨디션에도 효과적으로 이용될 수 있다. 이 단계에서 어깨 회전 근육(회전근개)의 컨디셔닝 운동을 진행하는 게 중요한데 이는 모든 작업이나 스포츠 환경에서 어깨 회전근육이 가장 일반적으로 사용되기 때문이다. 어깨 회전 근육의 활성은 골퍼에게 있어 백 스윙에서 다운스윙의 움직임과 비슷하다.

 운동은 0.5~1kg 의 토네이도 볼을 사용한다. 35cm 의 로프 끈을 손목에 단단히 감는다. 팔을 몸을 가로질러 움직인다. 볼이 벽에 바운드 되자마자 몸을 가로질러 45 도 각도로 다시 볼을 위로 올려 벽에 부딪히게 한다. 처음에는 가볍게 세트를 한번 내지 두 번 정도 준비운동을 하고 정상적으로 세트 운동을 진행한다. 세트를 마치는 시간은 10 초를 넘지 않도록 한다. 운동속도를 지정하지 않은 것은 양쪽 방향으로 빠르게 폭발적으로 수행하라는 뜻이다. 그러나 절대 볼을 조절하지 못할 정도의 속도로 수행하면 안 된다. 오른쪽 왼쪽 각각 한 세트를 수행 후 1 분 쉬고 다시 2~3 세트를 수행한다.

■ 서서 두손으로 올림픽 바 돌리기

운동	휴식	강도	반복회수	운동속도	세트
서서 두손으로 올림픽 바 돌리기	2분		6~8		2~3

서서 두손으로 올림픽 바를 돌리기는 피트니스 센터의 올림픽 바의 한쪽 끝을 바닥에 대고 두손을 다른 쪽 끝을 잡고 바를 회전하는 운동이다. 허리 축을 유지하고 한쪽 방향으로 몸을 틀면서 잡고있던 바를 다리 바깥쪽으로 옮긴다. 이때 전신에 운동 부하가 전해지도록 한다. 이 자세에서 반대 방향으로 몸을 빠르게 틀면서 반복적으로 실시한다. 6~8회를 수행하고 2분을 쉬고 다시 2~3세트까지 수행한다.

■ 짐볼에 누워 상체 회전하기

운동	휴식	강도	반복회수	운동속도	세트
짐볼에 누워 상체 회전하기	1분		6~8	1초유지	2~3

짐볼에 누워 상체를 회전하기는 동적 안정화 단계에서 수행하였다. 이 동적 안정성 운동은 파워 트레이닝 단계에서도 포함되는데 하나의 트레이닝을 최대화할 때 다른 하나를 잃게 되기 때문이다. 골퍼에게 있어 파워를 얻는 대신 동적 안정성을 잃는 다는 것은 위험하기 그지없다. 모든 사람들이 더 멀리 공을 보내기를 원한다. 그러나 정확하지 않고 멀리만 간다고 좋아할 사람은 없을 것이다. 따라서 짐볼에 누워 상체 회전하기 운동은 파워 트레이닝을 하는 동안 동적 안정성을 유지할 수 있는 수단이 되는 운동이다. 만약 동적 안정성 없이 파워만 키운다면 운전대(핸들) 없는 엄청난 파워의 차를 모는 것과 같다고 하면 과장된 표현일까?

등을 이용해 짐볼에 눕고 어깨를 지지하여 머리를 안정적으로 유지한다. 엉덩이를 들어 무릎과 어깨가 수평이 유지되도록 한다. 두 손은 가슴에 모은다.

가능한 범위까지 천천히 상체를 한쪽으로 회전시키고 다시 같은 속도록 반대편으로 회전한다. 몇 번이고 천천히 반복하면서 운동범위를 점차 늘려나간다. 6번을 오른쪽 왼쪽 반복하였다면 속도를 조금 더 빠르게 수행한다. 운동을 하는 동안에도 항상 어깨와 골반, 무릎이 수평이 유지되도록 하고 엉덩이가 내려가지 않도록 주의해야 한다. 첫 번째 세트는 준비운동으로 가볍게 끝낸다. 만약 좋은 자세로 3세트까지 어렵지 않게 수행한다면 0.5~3kg 정도의 메디신 볼 혹은 덤벨등을 가슴에 들고 한다. 더욱 도전적으로 운동을 하고자 사람은 그림과 같이 막대 봉을 두손을 교차하여 잡거나 팔을 뻗어 메디신 볼을 잡고 무게 중심이 밖으로 향하면서 몸통을 회전하는 동작으로 수행한다.

■ 토네이도 볼 골반 이동

운동	휴식	강도	반복회수	운동속도	세트
토네이도 볼 골반 이동	2분		6~8		2~4

토네이도 볼 골반 이동은 수건 고리를 이용한 골반이동의 향상된 단계이다. 토네이도 볼은 빠른 체중이동을 허용한다. 빠른 체중이동과 허리 회전움직임은 골반 이동에서 향상된 근력이 파워로 나타난다.

팔꿈치를 가볍게 구부리고 시멘트 벽이나 테니스 벽을 등뒤로 하고 안정되게 선다. 토네이도 볼의 줄을 배꼽아래 치골 부위에서 잡고 운동을 하는 동안 손의 위치를 유지한다. 벽에 토네이도 볼을 회전하여 한쪽과 다른 쪽을 부딪히면서 측면으로 체중을 이동시키고 골반을 회전시킨다. 이 동작을 할 때 골프 스윙에서와 같이 골반과 다리 움직임을 생각하면서 수행한다. 이렇게 함으로써 높은 수준의 근력과 파워에 대한 일련의 근육운동이 골프에 전이된다. 몸통의 움직임을 축소하고 골반 움직임을 강조한다.

　시작할 때 천천히 리듬감을 먼저 갖는다. 첫 번째 세트에서는 준비운동으로 약 60%의 노력으로 수행한다. 다음 세트에서는 안정된 페이스로 회수를 진행하면서 점차 속도를 최대로 높인다. 완전히 세트를 끝내고 2분을 휴식한다. 2~4세트를 마치고 메디신 볼 파워 스윙으로 진행한다. 토네이도 볼 골반 이동을 끝낸 후에는 메디신 볼 파워 스윙은 아주 부드럽게 할 수 있다. 즉, 신경학적 접근으로 메디신 볼 파워 스윙은 토네이도 볼 골반이동을 기반으로 한 운동이기 때문에 이러한 운동을 진행은 신경계를 통합적으로 자극한다.

■ 닐링 케이블 당겨 회전하기

운동	휴식	강도	반복회수	운동속도	세트
닐링 케이블 당겨 회전하기	2분		6~8		2~3

　닐링 케이블 당겨 회전하기는 우드 춉 운동의 향상된 트레이닝으로 파워 향상을 위해서는 빠르게 진행하여야 한다. 무릎을 구부리고 앉은 상태에서 잡을 수 있는 케이블 높이를 설정한다. 그림과 같이 양손으로 케이블을 손잡이를 잡고 자세를 취한다. 복부를 허리쪽에 당기고 가슴은 편다. 다시 처음의 위취로 돌아간다. 회전할 때 케이블 무게에 의해 몸이 뒤로 젖혀지거나 흔들리면 안된다. 각각의 팔로 8~12회 반복하고 5세트까지 수행한다.

■ **프로그램 계획**

- 운동단계: 파워 트레이닝 2 단계
- 목표: 파워의 증가
- 기간: 3~4 주
- 골프 파워 2 단계

운동	휴식	강도	반복회수	운동속도	세트
스트레치 & 준비운동					
프로그램 A					
좌우 허리 틀면서 워킹 런지	2 분		6~8 회	중간	2~3 세트
토네이도 볼 수평 촙			10 초회		2~4 세트
메디신 볼 두 손으로 던지기			8~12 회		2~3 세트
토네이도 볼 대각선 어깨 회전근 운동	오른쪽/왼쪽 1 분	-2 회	10 초		2~3 세트
서서 두손으로 올림픽 바 돌리기					
프로그램 B					
짐볼에 누워 상체 회전하기	1 분		6~8 회	1 초유지	2~3 세트
토네이도 볼 골반이동	2 분		6~8 회		2~4 세트
메디신 볼 파워스윙	2 분		6~8 회		2~3 세트
케이블 당겨 회전하기	2 분		6~8 회		2~3 세트
거울 보며 한손 덤벨 프레스	1 분		6~8 회	303	1~3 세트

11. 프로그램의 지속

골프 컨디셔닝 프로그램의 모든 부분을 마쳤다. 이 책은 한번 읽고 이해를 하는데 목적을 둔 것이 아닌 골프를 하는데 있어 계획을 세우고 실천하는데 목적을 두었다. 이제는 컨디셔닝 프로그램을 통해 향상된 신체적 능력을 어떻게 잘 유지할 것 인가이다. 처음부터 컨디셔닝 프로그램을 잘 수행하였다면 자세가 좋아졌거나 균형능력, 협응력, 근력이나 파워의 증가로 공을 치는 순간 스피드가 과거 보다는 향상됨으로 골프를 하는데 있어 긍정적 변화가 생겼을 것으로 생각한다.

일반적으로 파워 트레이닝을 하면서 근력이 소실되거나 혹은 정적, 동적 안정성과 균형능력이 떨어진다. 파워 향상에 집중하다 보면 근력향상과 같은 다른 요소에 신경 쓰지 못한다. 농구나 배구, 축구 선수들도 파워는 향상되었지만 힘이 떨어져 더 이상 파워 향상이 안되어 다시 근력 트레이닝을 하는 경우가 많다.

지속적 프로그램의 목표는 안정성 운동과 근력 트레이닝을 다시 반복하는 동안에도 파워를 유지하는 것이다.

안정성 운동과 근력 트레이닝을 반복하는 것은 컨디셔닝 프로그램을 통해 얻은 능력을 잃지 않기 위해선 중요한 과정이다. 이렇게 반복운동을 함으로서 첫 번째 보다 더 나은 기술을 습득하고 더 강하게 된다.

전문 센터에서 이러한 컨디셔닝 프로그램을 수행할 경우의 장점은 프로그램 재 점검을 할 수 있다는 것이다. 그러나 개인적으로 자기 점검을 할 경우엔 앞 장에서 제시한 근육 긴장성 검사를 통해서 어떤 스트레칭이 더 필요할 것인지를 확인하는 게 좋다. 귀중한 시간에 모든 스트레칭을 소화하기엔 시간이 너무 많이 걸린다. 따라서 꼭 필요한 스트레칭을 선별적으로 적용하는 것이 좋다.

골프를 하는데 어떤 항목이 내 몸에 가장 중요한지 점검해보자. 만약 이 프로그램을 통해서 드라이브 비거리는 증가하였으나 퍼팅은 아직도 모자란다면 정적 동적 안정성 운동을 더 해야 한다.

드라이브 비거리도, 퍼팅도 좋지만 치핑과 피칭에 문제가 있다면 동적 안정성 운동을 더 한다. 만약 비거리가 증가하였지만 그래도 여전히 골프를 하는데 비거리가 약점이라면 근력 운동과 파워 트레이닝을 한 번 혹은 두 번 더 수행한다.

다시 프로그램을 시작하는 것이 지루하게 느껴지는 것 보다는 다소 편안하게 느껴지고 피트니스 센터에서 무슨 운동을 어떻게 할 것인가를 알고 운동을 하는 것과 같이 자신감이 생긴다. 몸과 마음이 다음 컨디셔닝 프로그램에 준비가 되어있기 때문이다. 만약 컨디셔닝 프로그램을 잘 수행하여 신체적으로 준비가 되어있는데도 불구하고 골프 점수의 향상이 없다면 이제는 티칭 프로나 골프 프로에게 기술적 지원을 받을 단계이다. 골프 컨디셔닝의 목표는 균형감과 협응력이 잘 유지되면서 골프를 잘 할 수 있도록 몸과 마음을 만드는데 있다. 그렇게 신체적 정신적으로 준비가 잘 되었는데도 불구하고 골프 점수가 좋지 않으면 골프 프로에게 골프 기술과 전략을 배워야 할 단계이다.

만약 골프 컨디셔닝 프로그램 중 어느 한 단계가 골프를 치는데 긍정적인 작용을 하였다면 다시 그 단계로 돌아가 프로그램을 진행한다.

컨디셔닝 프로그램을 진행하는 동안 허리의 통증이나 무릎, 어깨 통증, 두통과 같이 신체 정렬이 나쁜 결과로 생기는 증상들이 완화된다. 이러한 이유는 골프 컨디셔닝 프로그램이 인체 역학에 기초를 두고 계획되었기 때문이다. 따라서 어떤 종목이나 직업을 가지고 있어도 이러한 컨디셔닝 프로그램이 자세를 바르게 하고 근육의 기능적 능력을 향상시키는데 도움이 될 것이다.

골프 컨디셔닝 프로그램을 잘 수행함으로 해서 신체적으로 더 좋은 능력을 가졌다 하더라도 골프 공의 궤적이나 비거리를 조절하는데 있어 영향을 미치는 5가지 요소와 신체적으로 중요한 4가지 요소와 밀접한 관계를 맺는다. 일반적인 잘못된 스윙은 하나 혹은 하나 이상의 신체적 잘못에 기인한다.

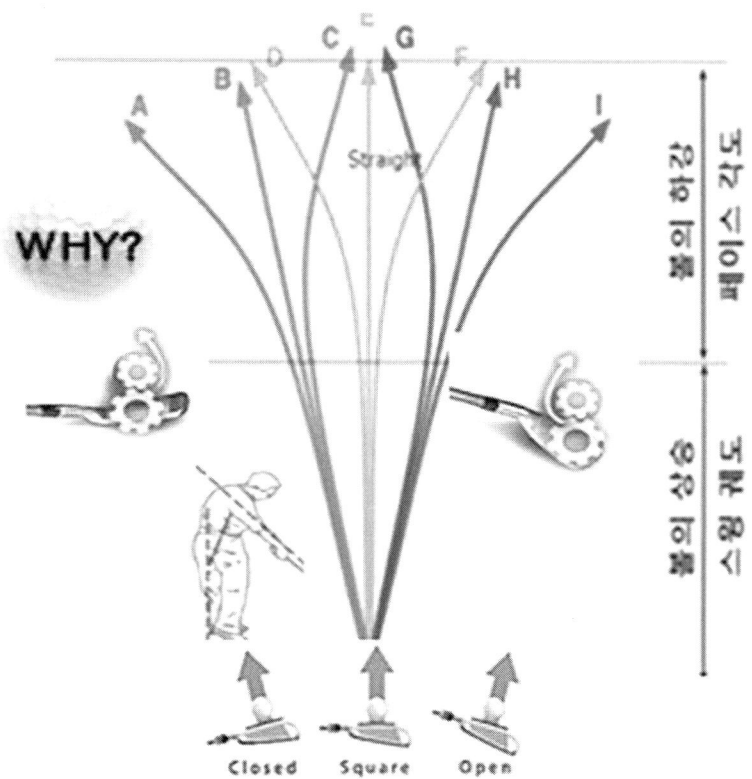

표에서 보듯이 신체의 어떤 요인은 골프공의 비행궤도에 높은 상관관계를 갖는다.

공의 비행요소	신체 요소
클럽 페이스 정렬(Clubface Alignment) 스윙 궤도(Swing Path) 받음각(Angle of attack) 스윗 스팟(Hitting Sweet Spot)	유연성 정적, 동적 안정성
스피드	근력 파워

예를 들면 클럽 헤드 스피드는 근력과 파워와 밀접한 관계를 갖는다. 골프 기술과 귀속되는 신체능력의 관계도 비슷하다.

골프 기술	귀속되는 신체 능력
퍼팅	정적, 동적 안정성
치핑	유연성/정적, 동적 안정성/근력
피칭	유연성/정적, 동적 안정성/근력
벙커	유연성/정적, 동적 안정성/근력
드라이빙	유연성/정적, 동적 안정성/근력/파워

프로그램을 수행하는 동안 어떤 요소가 골프를 향상시키기 위해 더욱 필요한 가를 평가하고 선별하여 실행하여야 한다. 예를 들면 퍼팅이 주요 관심사라면 정적, 동적 안정성에 더 집중하여 운동을 해야 하고 비거리가 더 관심사라면 유연성과 동적 안정성을 재 평가하고 다시 근력 트레이닝을 다음 파워 트레이닝을 반복한다. 숫자로 표시된 것은 중요도를 1 순위부터 5 순위까지 나눈 것이다.

기술	1	2	3	4	5
퍼팅	정적 안정성 운동	동적 안정성 운동	근력 트레이닝	근력 트레이닝	파워 트레이닝
치핑/피칭/벙커	동적 안정성 운동	근력 트레이닝	근력 트레이닝	파워 트레이닝	파워 트레이닝
드라이빙	근력 트레이닝	근력 트레이닝	파워 트레이닝	파워 트레이닝	정적 안정성부터 파워 트레이닝 전체

참고문헌

1. 박영식, 김성민(2019). 골프 과학: 기술과 생체역학의 통합. 스포츠사이언스.
2. 이재훈(2020). 골프 트레이닝 바이블: 부상 예방과 경기력 향상. 스포츠북스.
3. 마이클 보이드(2021). 골프 피트니스와 재활: 통합적 접근. 바디케어 출판사.
4. 안토니오 카펠라(2020). 골프 엘보우와 재활: 실전 가이드. 현대출판사.
5. 제임스 워커(2018). 골프의 기능적 트레이닝: 부상 회복과 예방의 혁신. 스포츠와 건강.
6. 김지훈, 정민수(2021). 골프 운동학: 이론과 실제. 대한미디어.
7. 토니 펄먼(2022). 스윙을 위한 코어 트레이닝. 스포츠클리닉.
8. 이영민(2017). 골프 재활 트레이닝의 기초와 응용. 운동과학출판사.
9. 제프리 윌슨(2019). 프로 골퍼의 재활 사례와 훈련 전략. 한솔미디어.
10. 이동철(2020). 골프 상해 예방과 치료: 트레이너와 선수를 위한 실전 매뉴얼. 스포츠메디컬.
11. 스콧 로버트슨(2023). 골프를 위한 기능적 움직임과 재활운동. 헬스케어북스.
12. 박민호(2020). 골프 트레이닝과 경기력 향상 프로그램. 코칭북스.
13. 최현석(2018). 골프와 스포츠 상해: 부상과 재활의 통합적 접근. 메디컬스포츠북스.
14. 이준영(2022). 골프 스윙 역학과 운동 과학. 골프미디어.
15. 김수연(2019). 골프선수를 위한 근력 및 유연성 훈련 매뉴얼. 스포츠코칭출판사.
16. 존 맥킨리(2021). 골프의 부상 예방과 기능성 운동. 스포츠리더.
17. 박재훈(2020). 골프 선수의 재활 트레이닝 실제 사례. 한스미디어.
18. 스티븐 콜린스(2018). 골프 트레이닝의 핵심 원리. 피트니스북스.
19. 이승현(2021). 골프 엘보우 재활 운동과 예방 전략. 스포츠재활연구소.
20. 마크 피터슨(2017). 골프 피트니스 프로그램의 실제. 바디케어북스.
21. 전지훈(2023). 골프 상해의 기전과 재활 프로그램 개발. 스포츠아카데미.
22. 김미경 외(2016). 새로 쓰는 건강기능식품 길잡이, 교문사
23. 김주영 외(2022). NSCA 스포츠와 운동 영양 가이드. 서울: 대성의학사.
24. 김주영 외(2022). 고급 스포츠 영양학. 서울: 대성의학사.
25. 김철수, 박영희(2022). 골프 스윙의 역학적 분석과 피트니스 적용. 스포츠과학연구, 15(2)
26. 이민호(2021). 골프 퍼포먼스 향상을 위한 근력 강화 프로그램 개발. 운동과학저널, 30(4)
27. 정수진 외(2020). 골프 선수의 유연성 향상을 위한 스트레칭 기법 비교. 한국운동역학회지
28. 박준영(2019). 골프 스윙 시 척추 안정성 강화 운동의 효과. 재활의학저널, 27(3), 301-312.
29. 최은지 외(2023). 골프 피트니스를 위한 기능적 트레이닝 프로그램의 개발과 적용.
30. 이승현(2022). 골프 선수의 체력 요소와 경기력의 상관관계 연구. 한국체육학회지.
31. 김민수, 정다은(2021). 골프 스윙 시 하체 근력 강화의 중요성. 운동생리학회지
32. 박소영(2020). 골프 피트니스를 위한 코어 안정화 운동의 효과. 한국운동재활학회지
33. 이정훈 외(2019). 골프 선수의 부상 예방을 위한 피트니스 프로그램 개발. 스포츠의학저널
34. 한지혜(2023). 골프 스윙의 효율성을 높이기 위한 유연성 트레이닝의 효과. 한국체육과학회지
35. 김영호, 박지은(2022). 골프 피트니스와 심리적 요인의 상관관계 연구. 스포츠심리학회지
36. 이수민(2021). 골프 선수의 피로 회복을 위한 피트니스 전략. 운동과학연구, 31(3), 345-358.
37. 정우성, 김나래(2020). 골프 스윙 시 상체 근력 강화 운동의 효과. 한국운동생리학회지
38. 박지훈(2019). 골프 피트니스를 위한 균형 감각 향상 프로그램 개발. 스포츠재활학회지
39. 최민호, 이지은(2023). 골프 선수의 컨디셔닝을 위한 영양 전략 연구. 한국영양학회지
40. 이현우(2022). 골프 스윙의 파워 향상을 위한 저항 훈련의 효과. 운동과학저널
41. 김하늘, 정수진(2021). 골프 피트니스를 위한 심폐 지구력 강화 프로그램. 한국운동역학회지
42. 박준영(2020). 골프 선수의 부상 예방을 위한 스트레칭 루틴 개발. 재활의학저널
43. 최은지, 김도현(2019). 골프 스윙 시 하체 안정성 강화를 위한 트레이닝 기법.
44. 이승현(2023). 골프 피트니스와 정신 집중력의 관계 연구. 한국체육학회지, 42(3), 301-314.
45. 김민수, 정다은(2022). 골프 스윙의 정확성을 높이기 위한 피트니스 전략. 운동생리학회지
46. 박소영(2021). 골프 선수의 피로 관리를 위한 피트니스 프로그램 개발. 한국운동재활학회지
47. 이정훈, 김수진(2020). 골프 피트니스를 위한 근력 강화와 유연성 증진 프로그램.
48. 한지혜(2019). 골프 스윙의 일관성을 높이기 위한 피트니스 접근법. 한국체육과학회지
49. 김영호, 박지은(2023). 골프 피트니스와 경기력의 상관관계 분석. 스포츠심리학회지
50. 이수민(2022). 골프 선수의 컨디셔닝을 위한 회복 전략 연구. 운동과학연구, 32(1), 89-102.